peouets 1795.

CATALOGUE
DES LIVRES
DU CABINET
DU CITOYEN CHAMPCENETS,

Dont la Vente se fera en son Domicile, rue du Mail, n°. 19, le Quintidi 5 Frimaire, an 4me (Jeudi 25 Novembre 1795) et jours suivans quatre heures de relevée.

Se trouve à Paris,

Chez { MAUGER, libraire, rue Croix des Petits-Champs, n°. 59.
HUBERT, ancien Huissier-Priseur, rue Avoye, n° 29.

DE L'IMPRIMERIE DE CUSSAC,
Libraire, rue Honoré, n° 68.

ORDRE DES VACATIONS.

Quintidi 5 *Frimaire.*

Théologie	1 — 14.
Histoire	1110 — 1142.
Belles-Lettres	298 — 342.

Sextidi 6.

Histoire.	1077 — 1109.
Théologie.	15 — 28.
Belles-Lettres	343 — 387.

Septidi 7.

Histoire.	1045 — 1076.
Théologie	29 — 42.
Belles-Lettres	388 — 432.

Nonidi 9.

Théologie	43 — 56.
Belles-Lettres	433 — 477.
Histoire.	1019 — 1044.

Primidi 11.

Théologie	57 — 70.
Histoire	992 — 1018.
Belles-Lettres	478 — 522.

Duodi 12.

Jurisprudence	71 — 84.
Belles-Lettres	523 — 567.
Histoire, ...	965 — 991.

Tridi 13.

Jurisprudence	85 — 86.
Belles-Lettres	568 — 612.
Histoire	884 — 909.
Sciences et Arts	87 — 98.

Quartidi 14.

Histoire	610 — 935.

Sciences et Arts. . . 99 — 112.
Belles-Lettres . . . . . 613 — 657.

Sextidi 16.

Sciences et Arts. . 113 — 126.
Belles-Lettres . . . . 658 — 702.
Histoire. . . . . 936 — 964.

Septidi 17.

Sciences et Arts. . 127 — 140.
Belles-Lettres . . . . 703 — 749.
Histoire . . . . 1143 — 1168.

Octodi 18.

Belles-Lettres . . . . 750 — 794.
Sciences et Arts . . 141 — 154.
Histoire. . . . . 1169 — 1194.

Nonidi 19.

Sciences et Arts . . 155 — 168.
Histoire. . . . . 1195 — 1220.
Belles-Lettres . . . . 209 — 253.

Primidi 21.

Sciences et Arts . . 169 — 182.
Histoire . . . . 1221 — 1244.
Belles-Lettres . . . . 254 — 297.

Tridi 23.

Belles-Lettres . . . . 839 — 883.
Sciences et Arts . . 183 — 196.
Histoire . . . . 1245 — 2269.

Quartidi 24.

Sciences et Arts. . 197 — 208.
Histoire. . . . . 1270 — 1293.
Belles-Lettres . . . . 795 — 838.

Les Articles importans seront toujours renvoyés à la fin des Vacations.

La Collection de Didot in-4°. et le Voltaire grand papier, figures avant la lettre, seront vendus à la fin de la dernière Vacation, le Quartidi 24 Frimaire.

CATALOGUE
DES LIVRES
DU CABINET DU C. CHAMPCENETS.

THÉOLOGIE.

1. Biblia Sacra Vulgatæ editionis. *Parisiis, Didot aîné*. 1785. 2 *vol. iu-4°. m. r.*
2. Novum Testamentum Græcè. *Amst. Elzevier*, 1678. *in-18. m. noir.*
3. La Ste. Bible, traduite en Français par Sacy, avec les figures de Marillier. *Paris, de Fer de Maisonneuve*, 1779 *et suiv.* 3 *vol. in-4°. br. et la* 12e. *livraison en feuilles.*
4. La Sainte-Bible, traduite en Français. *Amst. Westein*, 1700. *in-12. v. f.*
5. Morale de Jésus-Christ et des Apôtres. *Paris, Didot aîné*, 1785. 2 *vol. in-18. v. porph.*
6. Les Confessions de St.-Augustin, trad. par Arnauld d'Andilly. *Bruxelles*, 1675. *in-12. vel.*
7. Lettres de St. Augustin, traduites par Dubois. *Paris*, 1737. 6 *vol. in-12. v. f.*

8. Pensées de Pascal sur la Religion et autres sujets. *Amst.* 1684. *in-12. v. f. d. s. t.*

9. L'Oracle des nouveaux Philosophes. *Berne,* 1759. *in-12. v. m.*

10. Lettres de quelques Juifs à Voltaire. *Paris,* 1781, 3 *vol. in-8°. baz.*

11. La Religion considérée comme l'unique base dn Bonheur, par Mme. de Genlis. *Paris,* 1787. *in-8°. v. m.*

12. Les Provinciales, par Pascal, en quatre Langues. *Cologne,* 1684. *in-8°. cuir de Russie.*

13. Poésies sur la Constitution Unigenitus. *Villefranche,* 1724. 2 *vol. in-8°. v. b.*

14. Sermons du P. Bourdaloue. *Paris, Rigaud,* 1708. 16 *vol. in-8°. v. b.*

15. Sermons du P. de La Rue. *Paris, Rigaud,* 1719. 4 *vol. in-8°. v. b.*

16. Sermons de Massillon. *Paris,* 1745. 14 *vol. in-12. v. m. d. s. t.*

16 *bis.* Petit Carême de Massillon. *Paris, Didot aîné,* 1789. *in-4°. m. r.*

17. Sermons de l'abbé Poulle. *Paris,* 1781. 2 *vol. in-12. v. m.*

18. Sermons du P. Elisée. *Paris,* 1785. 4 *vol. in-12. v. m.*

19. Sermons choisis de Sterne. *Paris,* 1786. *in-12. v. f.*

20. Opuscules spirituels de Mme. Guyon. *Cologne,* 1704. *in-12. v. f.*

21. Anatomie de la Messe, par Du Moulin. *Genève,* 1640. *in-8°. vel.*

22. Les Entretiens des Voyageurs sur la Mer. *La Haye,* 1740. 4 *vol. in-12. v. f.*

23. De la Tolérance dans la Religion, trad. du Latin de Crellius. *Londres*, 1769. *in*-12. *v. ec.*

24. Commentaire Philosophique sur les paroles de J. C. *Contrain-les d'entrer*, par Bayle. *Roterdam*, 1713. 2 *vol. in*-12. *v. f.*

25. Discours sur la liberté de penser, trad. de l'Anglais de Collins, avec la lettre du Médecin Arabe. *Londres*, 1714. *in*-8°. *m. r.*

26. De la Cruauté Religieuse. *Londres*, 1769. *in*-12. *v. f. d. s. t.*

27. Liberté de Conscience resserrée dans les bornes légitimes. *Londres*, 1754. *in*-12. *v. m.*

28. La fausseté des Miracles des deux Testamens, trad. du Théophrastus Redivivus. *in*-12. *m. bl.*

29. Traité des Trois Imposteurs. 1777. *in*-12. *v. f.*

30. Traité des Trois Imposteurs. *En Suisse*, 1793. *in*-12. *v. porph.*

31. La Foi dévoilée par la raison, par Parisot. *Paris*, 1781. *in*-8°. *v. b.*

32. Cérémonies superstitieuses des Juifs, ou Traduction du Traité Théologico-Politique de Spinosa, par Singlin. *Amst.* 1678. *in*-12. *m. bl.*

33. Le Platonisme dévoilé, ou Essai sur le Verbe platonicien, par Souverain. *Cologne*, 1700. *in*-8°. *m. bl.*

34. Histoire de l'état de l'Homme dans le péché originel. 1731. *in*-12. *v. m. d. s. t.*

35. Le Nazaréen, trad. de l'Anglais de Toland. *Londres*, 1777. *in*-8°. *m. r.*

36. Lettres Philosophiques, trad. de l'Anglais de Toland. *Londres*, 1768. *in*-12. *v. m. d. s. t.*

37. Pensées libres sur la Religion, l'Eglise et le bonheur de la Nation, trad. de l'Anglais de Mandeville. *La Haye*, 1723. 2 *vol. in*-12. *v. m.*

38. Les Princesses Malabares, ou le Célibat philosophique. *Andrinople*, 1734. *in*-12. *v. m.*

39. Examen des Prophéties, traduit de l'Anglais de Collins. *Londres*, 1768. *in*-12. *v. ec.*

40. Essai sur la nature et la destination de l'ame humaine, trad. de l'Anglais de Collins. *Londres*, 1769. *in*-12. *v. m.*

41. La Contagion sacrée, ou Histoire naturelle de la Superstition, trad. de l'Anglais de Gordon. *Londres*, 1768. *in*-12. *v. f. d. s. t.*

42. Essai sur les Préjugés, par Dumarsais. *Paris*, *in*-8°. *v. m.*

43. Pièces philosophiques, contenant parité de la vie et de la mort, etc. *in*-12. *v. ec.*

44. Le Théisme, Essai philosophique. *Londres*, 1773. *in*-8°. 2 *vol. v. m.*

45. Examen de la Religion, attribué à St. Evremond. *Trevoux*, 1745. *in*-12. *v. ec.*

46. Doutes sur la Religion, par Boulaivnilliers. *Londres*, 1767. *in*-12. *v. m. d. s. t.*

47. Apologie de l'abbé de Prades. *Amst.* 1753. *in*-12. *v. b.*

48. OEuvres de Freret. *Londres*, 1757. 5 *vol. in*-12. *v. m. d. s. t.*

49. Recherches sur l'origine du Despotisme oriental et des superstitions, par Boulanger. 1762. *in*-12. *v. m.*

50. Dissertation sur Elie et Henoch, et sur Esope le Fabuliste, par Boulanger. *in*-12. *v. m.*

51. L'Antiquité dévoilée par ses usages, par Boulanger, *Amst.* 1766. 3 *vol. in*-12. *v. m.*

52. Le Christianisme dévoilé, par Boulanger. *Londres*, 1767. *in*-12. *v. porph.*

53. Le Christianisme dévoilé, seconde partie, ou Recueil de pièces, par Boulanger et autres. *Londres*, 1769. *in*-12. *v. porph.*

54. Examen critique de St. Paul, par Boulanger. *Londres*, 1770. *in*-12. *v. ec.*

55. La Religion Chrétienne analysée. *Paris*, 1767. *in*-12. *v. m.*

56. Histoire critique de Jésus-Christ. *in*-8°. *v. porph.*

57. Le Bon-Sens, ou Idées naturelles opposées aux Idées surnaturelles. *Londres*, 1772. *in*-12. *v. m.*

58. Théologie portative, ou Dictionnaire abrégé de la Théologie, par l'abbé Bernier. 1776. *in*-12. *v. m.*

59. OEuvres diverses d'Abauzit. *Londres*, 1770. *in*-8°. *v. f.*

60. Les Préjugés détruits, par Lequinio. *Paris*, 1792. *in*-8°. *v. m.*

61. L'Arrétin Moderne. *Rome*, 1783. 2 *vol. in*-12. *baz.*

62. Pièces détachées relatives au Clergé Séculier et Régulier, par le Marquis de Puy-

ségur. *Amst.* 1771. 3 *vol. in*-8°. *v. m.*

63. De l'Imposture sacerdotale. *Londres*, 1767. *in*-12. *v. m.*

64. Projet d'une réforme à faire en Italie. *Amst.* 1769. *in* 12. *v. f.*

65. De la Réforme politique des Juifs, par Dohm. *Dessau*, 1782. *in*-12. *v. ec.*

66. Défense du Paganisme par l'Empereur Julien, trad. en Français, avec des remarques, par le Marquis d'Argens. *Berlin*, 1769. *in*-12. *v. m.*

67. La Religion ancienne et moderne des Moscovites. *Amst.* 1698. *in*-12. *v. m. fig.*

68. L'Alcoran de Mahomet, traduit en Français, par Du Ryer. *La Haye*, 1683. *in*-12. *v. f. d. s. t.*

69. La Religion des Mahométans, trad. du Latin de Reland. *La Haye*, 1721. *in*-12. *v. b. fig.*

70. La Certitude des preuves du Mahométisme, par Cloots. *Londres*, 1780. 2 *tom. en un vol. in* 12. *v. b.*

JURISPRUDENCE.

71. Principes du Droit naturel, par Burlamaqui. *Genève*, 1748. *in*-12. *v. m.*

72. Les Fondemens de la Jurisprudence naturelle, par Pestel. *Utrecht*, 1774. *in*-8°. *v. m.*

73. Principes de la Législation universelle. *Amst.* 1776. 2 *vol. in*-8°. *v. f.*

74. Principes du Droit politique, par Burlamaqui. *Amst.* 1751. 2 *tom. en un vol.* *in*-8°. *v. m.*

75. Constitution Française et acceptation du Roi. *Dijon, Causse*, 1791. *in*-18. *m. r.*

76. Traité de la dissolution du Mariage pour cause d'impuissance, par le P. Bouhier. *Paris*, 1756. *in*-8°. *baz.*

77. Traité des Eunuques, par Aucillon. 1707. *in*-12. *v. f. d. s. t.*

78. Coup-d'œil Anglais sur les cérémonies du Mariage, avec l'Histoire de M. Harry et de ses sept femmes. *Genève*, 1750. *in*-12. *v. m.*

79. Du Divorce. *Paris*, 1789. *in*-8°. *v. f.*

80. La Théorie du Libelle, par Linguet. *Amst.* 1775. *in*-12. *baz.*

81. Théorie du Paradoxe, par Morellet. *Paris*, 1775. *in*-12. *v. f.*

82. Traité des délits et des peines, traduit de l'Italien de Beccaria. *Lausanne*, 1766. *in*-12. *v. m.*

83. Théorie des Loix criminelles, par Brissot de Warville. *Utrecht*, 1787. 2 *vol.* *in*-8°. *v. m.*

84. Code, ou nouveau Réglement sur les lieux de prostitution dans Paris. *Londres*, 1775. *in*-12. *v. m.*

85. Faits des Causes célèbres. *Amst.* 1757. *in*-12. *v. m.*

86. Mémoires de Beaumarchais, contre Goezmann. 2 *vol.* *in*-8°. *baz.*

SCIENCES ET ARTS.

Philosophie ancienne et moderne.

87. Le Phedon de Platon et autres morceaux anciens, traduits en Français, par Loys-le-Roy, dit Regius. *Paris*, 1553. *in*-4°. *v. b.*

88. Selecta Senecæ Philosophi opera. *Parisiis*, *Barbou*, 1761. *in*-12. *v. m. d. s. t.*

89. Analyse de la Philosophie du Chancelier Bacon, par De Leyre, avec sa vie. *Paris*, 1755. 3 *vol. in*-12. *v. ec.*

90. OEuvres philosophiques de la Mettrie. *Berlin*, 1764. 3 *vol. in*-12. *v. m.*

91. OEuvres philosophiques de Diderot. *Amst.* 1772. 7 *vol. in*-8°. *v. f.*

92. OEuvres philosophiques de Hume. *Londres*, 1788. 6 *tom. en* 3 *vol. in*-12. *v. m.*

93. OEuvres complettes d'Helvetius. *Londres*, 1780. 5 *vol. in*-8°. *v. m.*

94. OEuvres complettes de l'abbé de Mably. *Lyon*, 1792. 14 *vol. in*-8°. *v. porph.*

95. OEuvres de l'abbé de Condillac. *Paris*, 1777. 3 *vol. in*-8°. *v. m.*

96. Le Porte-feuille d'un Philosophe, ou Mélanges philosophiques, politiques, etc. *Cologne*, 1770. 6 *vol. in*-12. *v. ec.*

Logique et Métaphysique.

97. Les livres de Hiérôme Cardanus, intitulez

lez de la subtilité, traduites en Français, par Rich. Le Blanc. *Paris*, 1578. *in*-8°. *v. f.*

98. De la Recherche de la Vérité par Malebranche. *Paris*, 1712. *in*-4°. *v. b.*

99. La Philosophie du Bon-Sens, par d'Argens. *La Haye*, 1740. 2 *vol. in*-12. *v. b.*

100. Recherches Philosophiques sur la nécessité de s'assurer par soi-même de la vérité, etc. par St.-Hiacynthe. *Londres*, 1743. *in*-8°. *v. m.*

101. Principes de la Philosophie naturelle, par Naigeon, *Genève*, 1787. 2 *vol. in*-8°. *v. m.*

102. De la Nature, par Robinet. *Amsterd.* 1766. 5 *tom en* 4 *vol. in*-8°. *v. f.*

103. Systéme de la Nature, par Mirabeau. *Londres*, 1770. 2 *vol. in*-8°. *baz.*

104. Psychologie, ou Traité sur l'ame, par Wolf. *Amst.* 1745. *in*-8°. *v. m.*

105. De l'Esprit, par Helvetius. *Paris*, 1758. *in*-4°. *v. m.*

106. Histoire Naturelle de l'ame, trad. de l'Anglais de Charp. *La Haye*, 1745. *in*-12. *v. m.*

107. Introduction à la connaissance de l'Esprit humain, par Vauvenargues. *Paris*, 1747. *in*-12. *v. m.*

108. Aphorismes sur la connoissance des Hommes et sur la Philosophie de la vie, en Français et en Allemand, publiés par Fréderic Schultz. *Konigsberg*, 1793. *in*-8°. *cuir de Russie.*

109. La Philosophie occulte de Henri Cor-

neille Agrippa, traduite du Latin. *La Haye,* 1727. 2 *vol. in*-8°. *v. f. d. s. t.*

110. Le Monde enchanté, par Balthasar Becker. *Amst.* 1694. 4 *vol. in*-12. *v. ec.* — Idée de la Théologie Payenne, ou Réfutation du Systéme de Becker, sur les Démons, etc. *Amst.* 1699. *in*-12. *v. f. d. s. t.*

111. Le Comte de Gabalis, ou Entretiens sur les Sciences secrettes, par l'abbé de Villars. *Londres*, 1742. 2 *tom. en un vol. in*-12. *v. m.*

112. Apologie pour les grands Hommes soupçonnés de magie, par Naudé. *Amst.* 1712. *in*-12. *v. ec.*

Morale.

113. Manuel d'Epictète, trad. par Dacier. *Paris*, 1775. *in*-18. *m. r.*

114. Réflexions Morales de l'Empereur Marc-Antonin, trad. en Français avec des Remarques, par Dacier. *Paris*, 1691. 2 *vol. in*-12. *v. b.*

115. Boethii de Consolatione Philosophiæ libri quinque. *Amst. Blaëu*, 1649. *in*-32. *v. b.*

116. La Consolation de la Philosophie, traduite du Latin de Boece, par Ceriziers. *Paris*, 1647. *in*-12. *v. m.*

117. De la Sagesse, ne trois Livres, par P. Charron. *Leyde, Elzevier*, 1645. *in*-12. *v. f. d. s. t.*

118. Maximes et Réflexions morales du Duc de la Rochefoucault. *Amst.* 1780. *in*-18. *m. r.*

119. Réflexions du Duc de la Rochefoucault. *Paris*, 1789, *in*-12. *br.*

120. La Morale universelle, ou les Devoirs de l'Homme fondés sur sa nature. *Amst.* 1776. 3 *vol.* *in*-8°. *v. m.*

121. Les OEuvres de Shaftsbury, trad. en Français. *Genève*, 1769. 3 *vol.* *in*-8°. *baz.*

128. Les OEuvres de Mme de Lambert. *Paris*, 1761. 2 *vol.* *in*-12. *v. m.*

123. Essai de Philosophie, Morale, par Maupertuis. 1751. *in*-12. *baz.*

124. L'Homme moral, par Léveque. *Amsterd.* 1775. *in*-12. *v. porph.*

125. De la Philosophie de la Nature ou Traité de Morale pour l'espece humaine, par de Lille de Sales. *Londres*, 1777. 6 *vol.* *in*-8°. *v. m. fig.*

126. Esprit de la Morale et de la Philosophie. *Bruxelles*, 1690. *in*-12. *baz.*

127. Les Caractères de La Bruyere. *Paris*, 1750. 2 *vol.* *in*-12. *m. verd.*

128. Les Caractères de Théophraste et de La Bruyere avec des notes par Coste, *Paris*, 1765. *in*-4°. *v. f.*

129. Les Caractères, par Mme. de Puysieux. *Londres*, 1750. 2 *vol.* *in*-12. *v. m.*

130. La Fable des Abeilles, ou les Fripons devenus honnêtes gens, avec un Commentaire, trad. de l'Anglais de Mandeville. *Londres*. 1740. 4 *tom.* *en* 2 *vol.* *in*-12. *v. m.*

131. Le Spectateur, ou le Socrate Moderne, trad. de l'Anglais, *Amst.* 1746, 7 *vol. in*-12. *v. m.*

132. Les Mœurs, avec ſes Eclaircissemens, par Toussaint, 1743. 2 *vol. in*-12. *v. m.*

133. Bagatelles morales, par l'abbé Coyer. *Paris*, 1754. *in*-12. *v. m.*

134. Considérations sur les Mœurs, par Duclos. *Paris*, 1780. *in*-12. *Baz.*

135. Mémoires sur les Mœurs, par Duclos. 1777. *in*-12. *Baz.*

136. Considérations sur l'esprit et les mœurs, par Senac de Meilhan. *Londres*, 1787. *in*-8°. *baz.*

137. Le Cosmopolite, ou le Citoyen du monde, par Montberon. 1752. *in*-12. *m. r.*

138. Des Passions. par l'auteur du Traité de l'amitié. *Londres*, 1764. *in*-8°. *g. p. v. f.*

139. Du Plaisir, ou Moyen de se rendre heureux. *Lille*, 1765. *in*-12. *cart.*

140. De la Passion du jeu, par Du Saulx. *Paris*, 1775. *in*-8°. *baz.*

141. Le Pornographe. *Londres*, 1769. 2 *vol. in*-8°. *v. m.*

142. Les Gynographes, ou Idées de deux honnêtes femmes. *La Haye.* 1777. *in*-8°. *v. m.*

Politique, OEconomie.

143, Tutte le opere di Nicolo Machiavelli. *In Geneva.* 1650. *in*-4°. *vel.*

144. Réflexions de Machiavel sur la première Décade de Tite-Live, traduites par Menc. *Paris*, 1782. 2 *vol. in*-8°. *v. m.*

145. Hieronymi Cardani Arcana politica sive de Prudentia civili liber. *Amst. Elzevier.* 1635. *in-24. v. f.*

146. Arn. Clapmarii de Arcanis rerum publicarum libri sex. *Amstel. Elzevier.* 1641. *in-12, v. f.*

147. Thomæ Mori Utopia. *Amstel.* 1731. *in-32. v. f.*

148. Les six Livres de la République de Jean Bodin. *Paris*, 1577. *in-fol. v. m.*

149. Elementa Philosophica de Cive Auct. Th. Hobbes. *Amst. Elzevier.* 1659. *in-12. v. f. d. s. t.*

150. Le Corps Politique, trad. du latin de Hobbes. par Sorbiere. *Leyde, Elzevier.* 1652 *in-12. vel.*

151. Système Social, ou Principes naturels de la Morale et de la Politique. *Londres*, 1773. 3 *part. en un vol. in-8°. v. m.*

152. La Politique naturelle, ou Discours sur les vrais principes du Gouvernement, *Londres* 1773. 2 *tom. en un vol. in-8°. v. m.*

153. Ethocratie, ou le Gouvernement fondé sur la Morale, par Dupont. *Amst.* 1776. *in-8°. v. porph.*

154. Testament politique du Cardinal de Richelieu. *Amst.* 1691. *in-12. v. m.*

155. Testament politique du Cardinal de Richelieu. *Paris*, 1764. 2 *tom. en un vol. in-8°. v. m.*

156. Nouveau Plan de Gouvernement des Etats-Souverains, par l'abbé de St.-Pierre. *Rotterdam*, 1738. *in-12 v. b.*

157. Les Rêves d'un homme de bien, par l'abbé de St.-Pierre. *Paris*, 1775. *in*-12. *v. m.*

158. Lettres sur l'esprit de Patriotisme, par Bolingbroke. *Londres*, 1750. *in*-8°. *v. f.*

159. Essai sur le Despotisme, par Mirabeau. *Paris*, 1792. *in*-8°. *v. porph.*

160. Discours politiques, traduits de l'Anglais de Hume. *Paris*, 1757. 2 *vol. in*-12. *v. f.*

161. Considérations sur le Gouvernement ancien et présent de la France, par D'Argenson. *Amst.* 1765. *in*-8°. *v. m.*

162. Les Loisirs d'un Ministre, ou Essais dans le goût de ceux de Montaigne. *Liege*, 1787. *in*-8°. *v. b.*

163. Constitution de l'Angleterre, traduite de l'Anglais de De Lolme. *Paris*, 1789. *in*-8°. *v. f.*

164. Lettres de Junius, traduites de l'Anglais. *Paris*, 1701. *in*-8°. *v. f.*

165. De la Souveraineté du Peuple, et de l'excellence d'un Etat libre, trad. de l'Anglais de Marchamont Née d'ham. *Paris*, 1790. *in*-8°. *v. f.*

166. Institution d'un Prince, par Duguet. *Leyde*, 1739. 4 *vol. in*-12. *v. m.*

167. Essais sur l'Administration. 1786. 2 *tom. en un vol. in*-8°. *v. m.*

158. Apologie de Louis XIV sur la révocation de l'Edit de Nantes, par Cavairac. 1758. *in*-8°. *v. m.*

169. De l'Administration des Finances de la

France, par Necker. *Lausanne*, 1784. 3 *vol. in-8°. pap. d'Hol. br.*

170. Leçons d'une Gouvernante à ses Elèves, par Mme. de Sillery. *Paris*, 1771. 2 *vol. in-12. v. f.*

171. De l'Education des Enfans et de l'Entendement humain, trad. de l'Anglais de Locke par Coste. *Paris*, 1783. 5 *vol. in-12. v. f.*

172. De la Félicité Publique, par Chastellux. *Amst.* 1772. 2 *tom. en un vol. in-8°. v. m.*

173 Education des Filles, par Fénélon. *Paris*, 1696. *in-12. v. m.*

174. L'Homme de Cour de Balthazar Gracian, traduit par Amelot de la Houssaye, *La Haye*. 1692. *in-12. v. b.*

PHYSIQUE.

175 De la Nature et de ses Loix, par Peyrard. *Paris*, 1793. *in-8°. v. porph.*

176 Recueil de différens Traités de Physique et d'Histoire Natnrelle, par Deslandes. *Paris*, 1748. *in-12. v. f.*

HISTOIRE NATURELLE.

177. Caii Plinii Secundi Historia Naturalis. *Lugd. Bat. Elzevier*. 1635. 3 *vol. in-12. v. f. d. s. t.*

178. Morceaux Extraits de l'Histoire Naturelle de Pline, trad. par Gueroult. *Paris*, 1785. *in-8°. v. m.*

179. Fr. Baconie de Verulamio Historia Naturalis de Ventis. *Amstelod. Elzevier.* 1662 *in*-12. *v. ec.*

180. OEuvres d'Histoire naturelle et de Philosophie de Charles Bonnet. *Neufchatel*, 1779. 10 *vol. in*-4°. *v. m.*

181. Dictionnaire d'Histoire naturelle, par Valmont de Bomare. *Lyon*, 1791 8 *vol. in*-4°. *baz.*

182 Les Etudes de la Nature par Bernardin de St.-Pierre. *Paris*, 1791. 5 *vol. in*-12. *v. porph. dent. fig.*

Medecine, Chirurgie. Anatomie, Pharmacie, Chymie et Alchymie.

183. Les OEuvres d'Hippocrate, traduites en Français par Dacier. *Paris*, 1697. 2 *vol. in*-12. *v. b.*

184. Essai sur les Maladies des Gens du Monde, par Tissot. *Lauzanne*, 1787. *in*-12. *baz.*

185. L'Onanisme, par Tissot, *Paris*, 1785. *in*-18. *v. m.*

186. Observations pratiques sur les Maladies Vénériennes, traduites de l'Anglais de Svediaur par Gibelin. *Paris*, 1785. *in*-8°. *baz.*

187. Dictionnaire abrégé des Maladies guéries par le remède universel. *Strasbourg*, 1769. *in*12. *m. r.*

188. La Nymphomanie, ou Traité de la Fureur uterine, par Bienville. *Amst.* 1771, *in*-12. *v. m.*

189. Lettres Philosophiques sur les Physionomies, par Pernety. *La Haye*, 1748. *in-12. v. m.*

190. Essay sur la Physiognomonie, par Gaspard Lavater. *La Haye*, 3 *vol. in-4°. parch. verd.*

191. Les Secrets d'Albert Le Grand. *Lyon*, 1783. *in-12. baz.*

192. Tableau de l'Amour conjugal, par Nicol. Venette. *Amsterd.*, 1740. 2 *vol. in-12. v. b. fig.*

193. De l'Homme et de la Femme considérés physiquement dans l'état du mariage. *Lille*, 1772. 2 *vol. in-12. m. r.*

194. Joan. Henrici Meibomii de usu flagrorum in re venerea Liber. *Londini*, 1665. *in-32. m. r.*

Mathématiques, Astronomie, Astrologie, etc.

195. OEuvres de Maupertuis. *Paris*, 1768. 4 *vol. in-8°. v. m.*

196. Essai de Cosmologie, par Maupertuis, 1751. *in-12. v. m.*

197. Les Centuries de Nostradamus. *Rouen*, 1652. *in-8°. parch.*

198. Les vraies Centuries et Prophéties de Michel Nostradamus. *Amsterd.* 1668. *in-12. vel.*

A r t s.

199. Encyclopédie ou Dictionnaire raisonné des Sciences, des Arts et des Métiers, ré-

digé par Diderot et d'Alembert. *Paris*, 1751. 35 *vol. in-fol. v. m. première édit.*

200. Lettres sur l'origine des Sciences et sur celle des Peuples de l'Asie, avec les Lettres sur l'Atlantide de Platon, par Bailly. *Paris*, 1777 *et* 1779, 2 *vol. in-8°. v. f. d. s. t.*

201. OEuvres complettes de Winkelmann. *Paris*, 1790. *in-4°. br. en carton. tome 1er.*

202. Dictionnaire des Artistes, par l'abbé de Fontenai. *Paris*, 1776. 2 *vol. in-8°. vel.*

203. Réflexions critiques sur la Poésie et la Peinture, par l'abbé Du Bos. *Paris*, 1740. 3 *vol. in-12. v. b.*

204. Mémoires pour servir à l'Histoire de la Révolution opérée dans la Musique, par Gluck. *Paris*, 1781. *in 8°. v. porp.*

205. Les Stratagêmes de guerre, par Carlet de la Roziere. *Paris*, 1756. *in-12. v. m.*

206. Campagne de Hollande en 1672, sous le Duc de Luxembourg. *La Haye*, 1759. *in-fol. v. m.*

207. Histoire de la campagne du Prince de Condé en Flandre en 1674, par le Chevalier de Beaurain. *Paris*, 1774. *in-fol. v. ec. fig.*

208. L'Art de conduire et de régler les Pendules, par Berthoud. *Paris*, 1759. *in-18. v. m.*

BELLES-LETTRES.

Grammaires et Dictionnaires des Langues.

209. Cours d'Etude pour l'instruction du Prince de Parme, par l'abbé de Condillac. *Aux deux Ponts*, 1782. 13 *vol. in*-8°. *br. en cart.*

209 (*bis*). Dictionarium Universale Latino Gallicum. *Rothomagi, l'Allemant*, 1780. *in* 8°. *baz.*

210. Logique et Principes de Grammaire, par Du Marsais. *Paris*, 1792. 2 *vol. in*-12. *v. m.*

211. Des Tropes, par Du Marsais. *Paris*, 1775. *in*-8°. *baz.*

512. De l'universalité de la Langue Française, par Rivarol. *Paris*, 1785. *in*-12. *v. porph.*

213. Synonimes Français, par Girard, augmentés par Beauzée. *Liège*, 1782. 2 *vol. in*-12. *v. m.*

214. Dictionnaire étimologique de la Langue Française, par Menage. *Paris*, 1750. 2 *vol. in-fol. v. m.*

215. Dictionnaire de l'Académie Française. *Nismes*, 1786. 2 *vol. in*-4°. *baz.*

216. Dictionnaire universel Français, par Furetiere. *La Haye*, 1701. 3 *vol. in-fol. v. b.*

217. Dictionnaire universel Français et Latin, vulgairement appellé Dictionnaire de Trevoux. *Paris*, 1771. 8 *vol. in fol. v. m.*

218. Dictionnaire Néologique, par l'abbé Desfontaines. *Amst.*, 1750. *in*-12. *v. m.*

219. Dictionnaire de Rimes, par Richelet. *Paris*, 1787. *in-8o. v. m.*

220. Vocabulaire de nouveaux Privatifs Français, par Pougens. *Paris*, 1794. *in-8o. v. porph.*

221. Dictionnaire comique, satyrique, etc., par Le Roux. *Pampelune*, 1786. 2 *vol. in-8o. vel.*

222. Nouveau Dictionnaire portatif des Langues Française et Anglaise, par Nugent. *Londres*, 1787. *in-8o. quarré, baz.* 7

RHÉTORIQUE.

Orateurs anciens et modernes.

223. Quintilien de l'Institution de l'Orateur, traduit par Gedoyn. *Paris*, 1718. *in-4o. v. b.*

224. De l'Eloquence et des Orateurs anciens et modernes, par Ferri. *Paris*, 1789. *in-8o. v. f.*

225. OEuvres complettes de Démosthene et d'Eschine, traduites par Auger. *Paris*, 1788. 6 *vol. in-8o. v. porph.*

226. OEuvres complettes d'Isocrate, traduites par Auger. *Paris*, 1781. 3 *vol. in-8o. v. f.*

227. OEuvres complettes de Lysias, traduites par Auger. *Paris*, 1783. *in-8o. v. f.*

228. Marci Tullii Ciceronis opera omnia. *Lugd. Bat. Elzevier.* 1642. 10 *vol. in-12. m. r.*

229. M. Tullii Ciceronis Cato Major. *Lutetiæ, Barbou*, 1758. *in-32. m. r.*

230. M. Tullii Ciceronis de Amicitia Dialogus. *Parisiis*, 1750. *in*-32. *m. bl.*

231. Traduction du Traité de l'Orateur de Ciceron, par l'abbé Colin. *Paris*, 1737. *in*-12. *v. f.*

232. Traduction des Partitions oratoires de Ciceron. *Paris*, 1726. *in*-12. *v. f.*

233. OEuvres de Ciceron, trad. par Clement. *Paris*, 1783. 8 *vol. in*-12. *v. br.*

234. Oraisons choisies de Ciceron, traduction revue par Wailly. *Paris*, *Barbou*, 1786. 3 *vol. in*-12. *velin verd.*

235. Philippiques de Démosthene et Catilinaires de Ciceron, traduites par d'Olivet. *Paris*, *Barbou*, 1765. *in*-12. *v. m.*

236. Philippiques de Demosthene et Catilinaires de Ciceron, trad. par d'Olivet. *Paris*, *Barbou*, 1787. *in*-12. *v. porph.*

237. Pensées de Ciceron, traduites par d'Olivet. *Paris*, *Barbou*, 1787. *v. b.*

238. Traité des Loix de Ciceron, traduit par Morabin. *Paris*, 1777. *in*-12. *v. b.*

239. Les Offices de Ciceron, traduits en Français avec le texte Latin à côté, par Du Bois. *La Haye*, 1792. *in*-12. *vel.*

240. Les mêmes Offices de Ciceron, traduits par Barrett. *Paris*. *Barbou*, 1776. *in*-12. *v. b.*

241. Les Devoirs de l'Homme, traduits de Ciceron par Brosselard. *Paris*, *l'an* 4me. *in*-8°. *v. b.*

242. Entretiens de Ciceron sur la nature des Dieux, traduits par d'Olivet avec les Remarques de Bouhier. *Paris*, 1732. 2 *vol. in*-12. *v. f.*

243. Les Tusculanes de Ciceron, traduites par Bouhier et d'Olivet. *Paris*, 1737. 3 *vol. in*-12. *v. f.*

244. Les deux Livres de la Divination de Ciceron, traduits par Regnier des Marais. *Paris*, 1710. *in*-12. *v. f.*

245. Les Livres de Ciceron, de la Vieillesse, de l'Amitié, etc. traduits par Barrett. *Paris, Barbou*, 1776. *in*-12. *v. b.*

246. Billets que Ciceron a écrits tant à ses amis qu'à Attique, avec le Latin à côté de la traduction. *Paris*, 1675. *in*-12. *v. b.*

247. Lettres familieres de Ciceron, traduites en Français par l'abbé Prevost. *Paris*, 1745. 5 *vol. in*-12. *v. f.*

248. Lettres de Ciceron à Atticus, traduites par Mongault. *Paris*, 1738. 6 *vol. in*-12. *v. m.*

249. Danielis Heinsii Orationes. *Amstel. Elzevier*. 1642. *in*-12. *vel.*

250. Recueil des Oraisons funebres de Bossuet. *Paris*, 1762. *in*-12. *v. b.*

251. Recueil des Oraisons funèbres de Mascaron. *Paris*, 1745. *in*-12. *baz.*

252. Discours choisis sur divers sujets de Religion et de Littérature, par l'abbé Maury. *Paris*, 1777. *in*-12. *v. m.*

253. OEuvres de Thomas. *Paris*, , 4 *vol. in*-8°. *v. m.*

254. Eloge historique de Michel de l'Hospital. par Guibert. 1777. *in*-8°. *baz.*

POETIQUE.

255. La Poétique d'Aristote, traduite par Dacier. *Amst.* 1733. *in*-12. *v. m.*

256. Les Quatre Poétiques, par Batteux. *Paris*, 1771. 2 *vol. in*-8°. *g. p. v. ec.*

Poëtes grecs.

257. Homeri Ilias et Odyssea Græcè et Latinè. *Glasguæ foulis.* 1778. 2 *vol. in*-12. *v. f.*

258. Les OEuvres d'Hésiode, traduction nouvelle, par Gin. *Paris*, 1785. *in*-8°. *v. m.*

259. Anacréon, Sapho, Bion et Moschus, traduits par Moutonnet de Clerfons. *Paris*, *Bastien.* 1780. *in*-8°. *v. f.*

260. Hymnesde Callimaque, traduites par la Porte du Theil. *Paris*, 1775. *in*-8°. *v. porph.*

261. Les Odes Pythiques de Pindare, traduites avec des remarques par Chabanon. *Paris*, 1772. *in*-8°. *v. porph.*

262. Sophoclis Tragœdiæ septem, Græcè. *Glasguæ, Foulis.* 1755. *in*-4°. *v. m.*

263. Théâtre de Sophocle, trad. en Français, par Rochefort. *Paris*, 1788. 2 *vol. in*-8°. *v. porph.*

264. Théâtre d'Aristophane, traduit par Poinsinet de Sivry. *Paris*, 1790. 4 *vol. in*-8°. *v. porph.*

Poëtes latins, anciens et modernes.

265. Titi Lucretii Cari de rerum Natura libri sex cum notis Thomæ Creech. *Londini*, 1695. *in-8°. vel.*

266. Di Tito Lucrezio Caro della Natura delle oose libri 6. Tradotti da Alexandro Marchetti, *in Londra*, 1761. 2 *vol. in-12. v. m. d. s. t.*

267. Les Georgiques de Virgile, traduites en vers Français, par De Lille. *Paris*, 1770. *in-12. baz.*

268. Les Georgiques de Virgile, traduites en vers français par De Lille. *Paris, Didot aîné*, 1782. *in-18. pap. fin. v. f. d. s. t.*

269. Les Fables de Phèdre, traduites en Français. *Paris*, 1776. *in-12. baz.*

270. Traduction en prose de Catulle, Tibulle et Gallus, par Pezay. *Paris*, 1771. 2 *vol. in-8°. v. porph.*

271. Elégies de Properce, traduites par de Long-Champs. *Paris*, 1772. *in-8°. v. porph.*

272. Quintus Horatius Flaccus cum notis Danielis Heinsii. *Lugd. Bat. Elzevier.* 1629. 3 *vol. in-12. m. r.*

273. Quinti Horatii Flacci Poemata cum notis Joannis Bond. *Amst. Elzevier.* 1676. *in-12. Cuir de Russie.*

274. Les OEuvres d'Horace, traduites en Français avec des remarques par Dacier et le P. Sanadon. *Amsterd.* 1735. 8 *vol. in-12. v. m.*

275. Les Odes d'Horace, traduites en vers français, par Chabanon de Maugris. *Paris*, 1773. *in*-12. *v. m.*

276. Les Livres d'Ovide, de l'Art d'aimer et des remèdes d'Amour. *Paris*, 1660. 2 *vol. in*-12. *v. f. d. s. t.*

277. Les OEuvres galantes et amoureuses d'Ovide, traduites en vers Français. *Cithère*. 1756. *in*-8°. *v. m.*

278. Poëme de Pétrone, sur la guerre civile entre César et Pompée, traduit en français par Bouher. *Amst.* 1737. *in*4°. *v. m.*

279. La Pharsale de Lucain, traduite en vers français, par Brebeuf. *Leyde*, *Elzevier*, 1658. *in*-12. *v. m.*

280. Lucain Travesti. *Rouen*. 1657. *in*-8°. *v. b.*

281. Satyres de Juvenal, traduites par Dusaulx. *Paris*, 1770. *in*-8°. *v. f.*

282. P. Papinii Statii opera. *Amstel. Elzevier* 1653. *in*-24. *v. fd. s. t.*

283. Silius Italicus de Secundo bello Punico *Amstel.* 1651. *in*-24. *vel.*

284. Seconde Guerre Punique, Poëme de Silius Italicus, traduit en Français, par Le Fevre de Villebrune. *Paris*, 1787. 3 *vol. in*-12. *baz.*

285. Claudii, Claudiani quæ extant cum notis Nic. Heinsii. *Lugd. Bat. Elzevier*. 1650. *in*-12. *v. f.*

286. Ausonii, opera. *Amstel. Blaëu*, 1631. *in*-24. *v. b.*

287. Q. Aurelii Prudentii Clementis quæ extant cum notis Nicolai Heinsii. *Amst. Elzevier* 1667. *in*-12. *vel.*

288. Accii Plauti Comœdia. *Amstel. Elzevier.* 1652. *in*-18. *v. f.*

289. Trois Comédies de Plaute, traduites par Mlle Le Fevre. *Paris*, 1683. 3 *vol. in*-12. *v. b.*

290. Les Comédies de Térence, traduites par Mme Dacier. *Hambourg*, 1722. 3 *vol. in*-12. *baz. fig.*

291. Theodori Bezæ Poemata. *Parisiis*, *Stephanus* 1597. — Icones virorum doctrinâ et pietate illustrium. *Genevæ.* 1580. *in*-4o. *v. m.*

292. Ægidii Menagii Poemata. *Amstel. Elzevier.* 1663. *v. porph.*

293. Caroli Ruæi Carmina. *Parisiis*, 1688. *in*-12. *m. r.*

294. Joan. Baptistæ Santolii opera omnia. *Parisiis*, 1698. *in*-12. *v. b.*

295. Jacobi Vanierii Prædium rusticum. *Parisiis*, *Barbou*, 1774. *in*-8o.. *v. m. d. s. t.*

296. Anti Lucretius sive de Deo et Naturâ libri novem Auct. Card. de Polignac. *Parisiis*, 1747. *in*-8o. *v. f.*

297. L'Anti-Lucrèce, trad. en Français par Bougainville. *Paris*, 1754. 2 *vol. in*-12.. *v. m.*

298. Histoire Maccaronique de Merlin Coccaie. *Paris*, 1606. (1734.) 2 *vol. in*-12. *v. m.*

POESIE FRANCAISE.

Poëtes Français des premiers âges jusqu'à Louis XIV.

299. Recueil des plus belles pièces des Poëtes Français, depuis Villon jusqu'à Bensserade. *Paris*, 1752 6 *vol. in-12. baz.*

300. La Danse aux Aveugles. *Lille*, 1748. *in-12. v. b.*

301. Le Castoiement, Ouvrage moral en vers. *Paris*, 1760. *in-12. v. porph.*

302 Les OEuvres de Villon avec des Remarques. *La Haye*, 1742. *in-12. v. f. d. s. t.*

303. Les OEuvres de Villon. *Paris*, *Coustellier*, 1723. *in-12. mout. verd.*

304. La Légende de Pierre Faifeu. *Paris*, *Coustellier*, 1723. *in-12. m. verd.*

305. La Farce de Pierre Pathelin. *Paris*, *Coustellier*, 1723. *in-12. v. b.*

306. Les Peésies de Guill. Coquillart. *Paris*, *Coustellier*, 1713. *in-12. m. verd.*

307. Les Poésies de Guill. Cretin. *Paris*, *Coustellier*, 1723. *in-12. v. m.*

308. Les Poésies de Martial de Paris. *Paris*, 1724. 2 *vol. in-12. v. m.*

309. Les Repues franches, le franc Archer de Baignollet, etc. *Paris*, *Coustellier*, 1723. *in-12. mout. verd.*

310. OEuvres de Clément Marot. *La Haye*, 1731. 4 *vol. in-4°. v. m.*

311. Recueil des OEuvres Poétiques de Bonav. Desperriers. *Lyon*, 1544. *in-8°. v. f.*

312. OEuvres Poétiques de Mellin de St.-Gelais. *Paris, Coustellier*, 1719. *in-12. v. b.*

313. OEuvres en Ryme de Jan Antoine de Baïf. *Paris*, 1573. *in-8°. parch.*

314. Les Poësies Françaises de Joachim Du Bellay. *Paris*, 1574. 2 *vol. in-8°. v. m.*

315. OEuvres de Pierre de Ronsard. *Paris*, 1609. *in-fol. v. f.*

316. OEuvres Poétiques de Remi Belleau. *Paris*, 1578. 2 *vol. in-12. v. f.*

317. Les trois Livres des Météores et autres OEuvres Poétiques, par Isaac Habert. *Paris*, 1585. *in-12. m. bl.*

318. Premiere Semaine ou Poëme de la Création du Monde, par Du Bartas. *Paris*, 1603. *in-12. v. m.*

319. OEuvres et Meslanges poétiques d'Estienne Jodelle. *Paris*, 1597. *in-12. m. bl.*

320. Les OEuvres de Scévole de Ste. Marthe. *Paris, Patisson*, 1579. *in-4°. v. m.*

321. Les premières OEuvres de Philippe Desportes. *Paris, Patisson*, 1579. *in-4°. v. f.*

322. Le Parnasse des Poëtes, par Gilles Corrozet. *in-18. v. m. sans titre.*

323. Les OEuvres de Racan. *Paris. Coustellier*, 1724. 2 *vol. in-12. v. m.*

324. Poésies de Malherbe, avec les Observations de Menage et de Chereau. *Paris*, 1723. 3 *vol. in-12. v. b.*

325. Poésies de Malherbe. *Paris. Barbou*, 1764. *in-8°. v. m.*

326. Le Cabinet des Muses. *Rouen*, 1610. *in-12. baz.*

327. Les Travaux sans Travail, par Davity. *Paris*, 1602. *in-12. v. m.*

328. Les OEuvres Poétiques de Jean Passerat. *Paris*, 1606. *in-8°. v. b.*

329. Les OEuvres Poétiques de la Roque. *Paris*, 1609. *in-12. v. m.*

330. OEuvres de Louise Charly Lyonnoise, dite la belle Cordiere. *Lyon*, 1762. *in-8°. v. m.*

331. Les Chevilles de M. Adam, Menuisier de Nevers. *Rouen*, 1654. *in-8°. m. r.*

332. Les Satyres et autres OEuvres de Regnier. *Leyde, Elzevier*, 1652. *in-12. m. r.*

333. Satyres et autres OEuvres de Regnier. *Londres, Tonson*, 1733. *in-4°. v. f.*

334. OEuvres de Mathurin Regnier. *Londres, (Paris. Cazin)*, 1780. *in-18. m. r.*

335. Les OEuvres de Théophile. *Paris*, 1662. *in-12. vel.*

336. Les joyeux Epigrammes de la Giraudiere. *Paris*, 1634. *in-8°. v. f.*

337. Vers héroïques de Tristan. *Paris*, 1648. *in-4°. v. m.*

338. Les Amours de Tristan. *Paris*, 1662. *in-12. v. ec.*

339. Le Cabinet Satyrique ou Recueil de Vers piquans et gaillards. 1667. 2 *vol. in-12. vel.*

340. Les OEuvres Poétiques de d'Alibray. *Paris*, 1653. *iu-8°. v. f.*

341. Les Divertissemens de Colletet. *Paris*, 1631. *in-8°. v. m.*

342. Les OEuvres de Maynard. *Paris*, 1646. *in-4°. v. b.*

343. Les Poésies de Gombauld. *Paris*, 1646. *in-4°. v. m.*

344. Poésies de Malleville. *Paris*, 1649. *in-4°. v. m.*

345. Les Poésies de Jules de la Mesnardiere. *Paris*, 1656. *in fol. baz.*

346. OEuvres Poétiques de Beys. *Paris*, 1651. *in-4°. v. m.*

347. Poésies, Lettres et Pièces burlesques de d'Assoucy. *Paris*, 1653. *in-12. baz.*

Poëtes Français du Regne de Louis XIV.

348. Nouveau Recueil des Epigrammatistes Français, par La Martiniere. *Amst.* 1720. 2 *vol. in-12. v. f.*

349. Pieces de Poésie qui ont remporté le prix de l'Académie Françoise depuis 1671 jusqu'en 1747. *Paris*, 1747. *in-8°. v. m.*

350. Recueil de Pieces choisies par La Monnoye. *La Haye*. 1714. 2 *vol. in 12. v. br.*

351. Les OEuvres de St.-Amant. *Rouen*, 1668. *in-12. v. f.*

352. Moyse Sauvé, Idille héroïque par Saint-Amant. *Paris*, 1653. *in-4°. v. m.*

353. La Pucelle ou la France délivrée, Poëme par Chapelain. *Paris*, 1656. *in fol. v. b. fig.*

354. La Pucelle, Poëme héroïque par Chapelain. *Leyde*, 1656. *in-12. m. r.*

355. La Lyre du jeune Apollon ou la Muse

naissante du petit de Beauchâteau. *Paris*, 1657. *in-4°. v. b. avec portraits.*

356. Poésies diverses par Brebeuf. *Paris*, 1658. *in-12. v. b.*

357. Entretiens et Lettres Poétiques du P. Le Moyne. *Paris*, 1665. *in-12. v. b.*

358. Les OEuvres de Benserade. *Paris*, 1697. 2 *vol. in-12. v. b.*

359. OEuvres de Scarron. *Amsterd.* 1737, 10 *vol. in-12. v. f.*

360. Alaric ou Rome vaincue, Poëme héroïque par Scudery. *La Haye*, 1685. *in-12. vel. fig.*

361. OEuvres galantes de Cotin. *Paris*, 1665. *in-12. v. f.*

362. OEuvres de Boileau Despréaux, avec les notes de St.-Marc. *Paris.* 1747. 5 *vol. in-8°. cuir de Russie. fig.*

363. OEuvres de Boileau Despréaux. *Paris*, *Didot aîné.* 1786. 2 *vol. in-4°. m. r.*

364. OEuvres de La Fontaine. *Anvers*, 1726. 3 *vol. in-4°. v. f.*

365. Fables de la Fontaine. *Paris*, *Didot aîné.* 1788. *in-4°. m. r.*

366. Adonis, Poëme par La Fontaine. *Paris*, *Didot aîné. in-18. cuir de Russie.*

367. Recueil des Pièces galantes de Mme. De Lasuze et de Pelisson. *Trevoux*. 1748. 5 *vol. in-12. v. m.*

368. OEuvres diverses de Pelisson. *Paris*, 1735 3 *vol. in-12. v. f.*

369. Poësies de St.-Pavin, de Charleval, de Lalane et de Montplaisir. *Paris*, 1759. *in-12. v. m.*

370. OEuvres de Segrais. *Paris*, 1755 2 *vol. in*-12. *v. m.*

371. OEuvres d'Estienne Pavillon. *Amsterd. Paris*, 1751. 2 *vol. in*-12. *v. m.*

372. Epigrammes et autres Pièces de Senecé. *Paris*, 1717. *in*-12. *v. b.*

373, Les OEuvres de Poésie de Perrin. *Paris*, *in*-12. *v. b.*

374. OEuvres de Mme. et de Mlle Deshoulieres. *Paris*, 1747. 2 *vol. in*-12. *v. m.*

375, Madrigaux de La Sabliere. *Paris*. 1748. *in*-12. *quarré. m. r.*

376. OEuvres de Chaulieu. *Paris, Bluet*, 1774. 2 *vol. in*-8o. *pap. fort. v. porph. d. s. t.*

377. OEuvres de Chaulieu. *La Haye*, 1777. 2 *vol. in*-12. *v. f. d. s. t.*

378. Poésies de La Fare. *Paris*, 1755. *in*-12. *v. m.*

379. OEuvres de Chapelle et de Bachaumont. *Paris*, 1755. *in*-12. *v. ec. d. s. t.*

380. Poésies diverses par Barathon. *Paris*, 1704. *in*-12. *v. b.*

381. Fables nouvelles, par de La Motte. *Paris*, 1719. *in*-4o. *v. m. fig.*

382. Epigrammes, Madrigaux et Chansons, par Lebrun. *Paris*, 1714 *in*-8o. *baz.*

383. Poésies Françaises de l'abbé Regnier Des Marais. *La Haye*, 1716. 2 *vol. in*-12 *v. m.*

384. Poésies de Sanlecque. *Harlem*, 1726. *in*-12. *v. m.*

Poëtes

Poëtes Français du règne de Louis XV et des derniers tems.

385. OEuvres diverses de J. B. Rousseau. *Londres, Tonson.*, 1723 2 *vol in-4°. v. f.*

386. OEuvres diverses de J. B. Rousseau. *Amst.* 1729. 2 *vol. in-12. v. b. fig.*

387. OEuvres diverses de Rousseau. *Londres,* 1731. 3 *vol. in-12. v. b.*

388. Odes, Cantates, Epitres et Poésies diverses de J. B. Rousseau. *Paris, Didot aîné.* 1790. *in-4°. m. r.*

389. Porte-feuille de J. B. Rousseau. *Amst.* 1751. 2 *vol. in-12. v. m.*

390, L'Anti-Rousseau, par le Poëte sans fard (Gacon.) *Rotterdam,* 1712. *in-12. v. b.*

391. Le Poëte sans fard ou Discours satyrique par Gacon. 1701. *iin-12. v. b.*

392. Mémoires pour servir à l'Histoire des Couplets attribués à J. B. Rousseau. *Bruxelles*, 1753. *in-12. v. m.*

393. Le Vice puni ou Cartouche, Poëme. *Paris,* 1726. *in-8°. v. f. fig.*

394. OEuvres diverses de Roy. *Paris*, 1727. 2 *vol. in-8°. v. b.*

394 (bis). OEuvres en vers et en prose de Desforges-Maillard. *La Haye.* 1759. 2 *vol. in-12. v. m. d. s. t.*

395. OEuvres de Vergier. *Lauzanne.* 1740. 2 *vol. in-12 v. m.*

376. Les OEuvres de Louis Racine. *Amsterd.* 1750. 6 *vol. in-12. baz.*

397. OEuvres mêlées du Chevalier de St.-Jorry. *Amsterd.* 1735. 2 *vol. in*-12. *v. b.*

398. Poésies du P. Ducerceau. *Paris*, 1785. 2 *vol. in*-12 *v. m.*

399. OEuvres de Grécourt. *Luxembourg*. 1764. 4 *vol. in*-12. *baz.*

400. Fables Nouvelles par Richer. *Paris*, 1748. *in*-12. *v. m.*

401. Le Paradis Terrestre, Poëme par Mme Du Boccage. *Londres*, 1748. *in*-8°. *v. f. fig.*

402. OEuvres de Gresset. *Londres*, (Paris), 1780. 2 *tom. en un vol. in*-8°. *v. porph.*

403. Pieces libres de Ferrand. *Londres*, 1760. *in*-12 *v. ec.*

404. Le Temple de Gnide. *Londres, sans date. in*-8°. *v. m. fig.*

405. OEuvres de Le Franc de Pompignan. *Paris*, 1784. 6 *vol. in*-8°. *v. porph.*

406. OEuvres Complettes de Vadé. *Lyon*, 1707. 4 *tom en* 2 *vol. in*-12. *v. f.*

407. Les Soupirs du Cloître, par Guymond de la Touche. *Londres*, 1770. *in*-8°. *v. m.*

408. OEuvres complettes du Cardinal de Bernis. *Londres*, 1767. *in*-12. *baz.*

409. Poésies diverses de Cocquard. *Dijon*. 1754. 2 *vol. in*-12. *m. r.*

410. L'Art de peindre, Poëme par Watelet. *Paris*, 1760. *in*-8°. *v. m. fig.*

411. OEuvres complettes de Bernard. *Paris*, *Cazin. in*-18. *v. f. d. s. t. pap. fin.*

412. Fables nouvelles, par l'abbé Aubert, *Paris*, 1764. *in*-12. *v. m. d. s. t.*

413. OEuvres de La Fargue, *Paris*, 1765. 2 *vol. in*-12. *v. m.*

414. La Pucelle d'Orléans, Poëme en vingt Chants, par Voltaire, 1762. *pet. in-8°. quarré. m. bl. fig.*

415. La Pucelle d'Orléans. Poëme en vingt-un Chants, par Voltaire, *Geneve.* 1777. *in-18. m. r.*

416. La Pucelle, Poëme suivi des Contes et Satyres de Voltaire. *De l'imprimerie de la Société Littéraire Typographique*, 1789. *in-4°. m. bl. fig. avec cadre et sans la lettre.*

417 La Henriade de Voltaire, avec les variantes. *Paris, Didot aîné.* 1790. *in-4°. m. r.*

417 (*bis*). Commentaire sur la Henriade, par La Beaumelle. *Paris*, 1775. *in-8°. v. m.*

418. Poëmes, Epîtres et autres Péosies, par Voltaire. *Geneve*, 1777. *in-18. m. r.*

419. Contes et Poésies diverses par Voltaire. *La Haye.* 1777. *in-18. m. r.*

420. Caquet Bon bec, Poëme badin. *Paris*, 1785. *in-18. parch. verd. fig.*

421. Elite de Poésies fugitives. *Londres*, 1769. 5 *vol. in-12. v. m.*

422. Almanach des Muses depuis 1765 Jusques et compris 1793. 18 *vol. in-12. pap. fin. m. verd.*

423. Recueil de Pièces de Poésies. *Paris*, 1764. *in-12. v. ec.*

424. OEuvres de Léonard. *Paris*, 1787. 2 *vol. in-12. m. r. pap. fin.*

425. Amusemens Poétiques, par Légier. *Londres.* 1767. *in-8°. baz.*

426. Opuscules Poétiques et Philologiques, par Feutry. *Paris*, 1771. *in-8°. baz.*

427. Etrennes aux Gens d'Eglise, ou la Chandelle d'Arras; Poëme. *Arras.* 1766. *in-12. v. porph.*

428. Le Balai, Poëme. *Constantinople.* 1772. *in-12 v. m.*

429. L'Agriculture, Poëme par Rosset. *Paris,* 1774 *in-4°* *pap. d'Hol. m. r.* — L'Agriculture, Poëme, 2me partie. *Paris,* 1782 *in-4°. br.*

430. Les A-propos de Société, par Laujeon. *Paris,* 1776. 3 *vol. in-8°. v. f. fig.*

431. Les OEuvres de Desmahis. *Paris,* 1788. *in-12. v. f.*

432. La Peinture, Poëme par Le Mierre. *Paris. in-4°. v. b. fig.*

433. Les Fastes ou les Usages de l'année, Poëme par Le Mierre. *Paris,* 1779. *in-8°. baz.*

434. Telephe en douze livres. *Londres,* 1784. 2 *vol. in-12. mout. verd.*

435. Les Saisons, Poëme par St.-Lambert. *Amst.* (Paris) 1775. *in-8°. v. f. d. s. t. fig.*

436. Poésies de Dorat. *Geneve.* 1777. 4 *vol. in-18. v. m.*

437. OEuvres choisies de Dorat. *Paris,* 1786. 3 *vol. in-12. baz.*

438. Les Baisers précédés du Mois de Mai, par Dorat. *Paris,* 1770. *in-8°. g. p. v. f. d. s. t.*

439. Fables nouvelles, par Dorat. *Paris,* 1773. *in-8°. g. p. v f. d. s. t. fig.*

440. La Muse Libertine, ou OEuvres posthumes de Dorat. 1783. *in-8°. baz.*

441. Narcisse dans l'isle de Vénus, Poëme en quatre chants, par Malfilatre. *Paris*, *in-8°. v. porph. fig.*

442. Le Jugement de Paris, Poëme par Imbert. *Amsterd.* 1774. *in-8°. v. f. fig.*

443. Les Mois, Poëme en douze chants, par Roucher. *Paris*, 1779. 2 *vol. in-4°. v. m. fig.*

444. Tangu et Félime, Poëme en quatre chants par La Harpe. *Paris*, *in-8°. v. m. fig.*

445. Fragment d'un Poëme moral sur Dieu. *Athéopolis*, 1781. *in-8°. v. f.*

446. Contes Théologiques. *Paris*, 1783. *in-8°. v. f.*

447. Poésies de Mme. la Vicomtesse d'Houdetot. *Paris*, *Didot aîné*, 1782. *in-18. v. f. d. s. t.*

448. OEuvres du Marquis de Villette. *Londres*, 1784. *in-12. m. verd.*

449. Les Fléches d'Apollon, ou nouveau Recueil d'Epigrammes. *Paris*, 1787. 2 *vol. in-12. m. verd.*

450. Satyres par Clément, *Paris*, 1786. *in-8°. v. m.*

451. OEuvres complettes de Gilbert. *Paris*, 1788. *in-8°. v. m.*

452. OEuvres complettes du Chevalier de Parny. *Paris*, 1787. *in-18. v. porph.*

453. OEuvres du Chevalier de Bertin, *Paris*, 1791. *in-18. m. verd.*

454. OEuvres complettes de l'abbé de Lille. *Londres*, 1784. *in-12. v. m.*

455. Les Jardins, Poëme par de Lille. *Paris, Cazin*, 1782. *in-18. m. r.*

456. Essai de Fables nouvelles, par Didot fils aîné. *Paris, Didot aîné.* 1786. *in-12. v. m.*

457. Fables de Florian. *Paris, Didot aîné.* 1782. *in-18. pap. vel. v. f. d. s. t.*

458 Le Calembourg en action. *Lampsaque.* 1789. *in-18. baz.*

450. Organt, Poëme. *Au Vatican*, 1789. *in-12. v. f.*

460. Opuscules divers de Piis. *Paris*, 1791. *in-12. v. f.*

471. L'Harmonie imitative de la Langue Française, Poëme par Piis. *Paris*, 1785. *in-12. v. b.*

462. Poésies diverses, par Guyetand. *Paris*, 1790. *in-8°. br.*

463. Poésies diverses de Bonnard. *Paris*, 1791. *in-8°. v. f.*

464. Délassemens du Boudoir, ou Recueil de Poésies galantes. 1791. *in-12. quarré, v. m. d. s. t.*

Poëtes Dramatiques Français.

465. La Pratique du Théâtre, par l'abbé d'Aubignac. *Amst.* 1715. 2 *vol. in-12. v. f.*

466. De la Tragédie, par Clément. *Paris*, 1748. *in-8°. v. m.*

467. De l'Art de la Comédie, par Cailhava. 1772. 4 *vol. in-8°. v. m.*

468. Recherches sur les Théâtres de France, par Beauchamps. *Paris*, 1735. 3 *vol. in*-8°. *v. f.*

469. Anecdotes Dramatiques. *Paris*, 1775. 3 *vol. in*-8°. *baz.*

470. Les Tragédies de Robert Garnier. *Rouen.* 1618. *in*-12. *v. f.*

471. Chefs-d'OEuvre drematiques, recueillis par Marmontel. *Paris*, 1775. *in*-4°. *v. f. d. s. t. fig.*

472. Chefs - d'OEuvre de Mairet, Du Ryer, Tristan, et Rotrou. *Paris*. 1783. 2 *vol. in*-18. *v. porph.*

463. Théâtre de Du Ryer. *Paris*, 1786. *in*-12. *v. m.*

474. Le Théâtre de Pierre et de Thomas Corneille. *Paris*, 1755. 12 *vol. in*-12. *v. ec.*

475. Théâtre Choisi de P. Corneille. *Paris*, *Didot aîné*. 2 *vol. in*-4°. *m. r.*

477, OEuvres de Montfleury. *Amsterdam*, 1698. 2 *vol. in*-12. *v. b.*

478. Théâtre de Montfleury Pere et Fils. *Paris*, 1739. 3 *vol. in*-12. *v. m.*

479. OEuvres de Racine. *Paris*, 1760. 3 *vol. in*-4°. *m. r. fig.*

480. OEuvres de Jean Racine. *Paris*, *Didot aîné*, 1783. 3 *vol. in*-4°. *m. r.*

481. Recueil de Dissertations sur plusieurs Tragédies de Corneille et de Racine. *Paris*, 1740. 2 *vol. in*-12. *m. r.*

482. Les OEuvres de Pradon. *Paris*, 1744. 2 *tom. en un vol. in*-12. *v. b.*

383. Le Triomphe de Pradon. *Lyon*, 1684. *in-8°. v. m.*

484. OEuvres de Moliere. *Amst.* 1744, 4 *vol. in-12. v. f. fig.*

485. OEuvres de Moliere, avec les Remarques de Bret. *Paris*, 1773. 6 *vol. in-8°. v. f. d. s. t. fig.*

486. Théâtre de Quinault. *Paris*, 1739. 5 *vol. in-12. v. f.*

487. OEuvres de Passerat. *La Haye*. 1695. *in-12. v. b. fig.*

488. Théâtre de Boursault. *Paris*, 1746 3 *vol. in-12. v. f.*

489. Théâtre de Mlle Barbier. *Paris*, 1745. *in-12. baz.*

490. Les OEuvres de Théâtre de Brueys. *Paris*, 1735. 3 *vol. in-12. v. m.*

490. Les OEuvres de Palaprat. *Paris*, 1712. 2 *vol. in-12. v. f.*

492. Les OEuvres de Poisson, pere. *Paris*, 1743. 2 *vol. in-12. v. m.*

493 Théâtre de Baron. *Paris*, 1736. 2 *vol. in-12. v. b.*

494. OEuvres de Regnard. *Paris, Didot jeune*, 1789. 6 *vol. in-8°. cuir de Russie fig.*

495. OEuvres de Théâtre de Dancourt. *Paris*, 1742. 8 *vol. in-12. v. m.*

496. Les OEuvres de Champmeslé. *Paris*, 1738. 2 *vol. in-12. v. b.*

497. Théâtre de Noël Le Breton d'Haute-Roche. *Paris*, 1775. 3 *vol. in-12. v. m.*

498. Théâtre de Lafont. *Amsterd.* 1746. *in-12. v. m.*

499. Théâtre de Le Grand. *Paris.* 1731. 4 *vol.* *in*-12. *v. b.*

500. OEuvres de La Grange-Chancel. *Paris*, 1758. 5 *vol. in*-12. *v. m.*

501 OEuvres de Campistron. *Paris*, 1750 3 *vol. in*-12. *v. m.*

502. Les OEuvres de Philippe Poisson. *Paris*, 1766. 2 *vol. in*-12. *v. m.*

503. OEuvres de la Fosse. *Paris*, 1747. 2 *vol. in*-12. *baz.*

504 OEuvres d'Avisse. *Paris*, 1738. *in*-8°. *v. m.*

505. OEuvres de l'abbé Nadal. *Paris*, 1738. 3 *vol. in*-12. *v. m.*

506. Le Somnambule, Comédie par Pont-de-Vesle. *Paris*, 1739. *in*-8°. *m. verd.*

507. Théâtre de Danchet. *Paris*, 1751. 4 *vol. in*-12. *m. r.*

508. OEuvres d'Autreau. *Paris*, 1749. 4 *vol. in*-12. *v. m.*

509. OEuvres de Théâtre de La Noue. *Paris*, 1765. *in*-12. *v. m.*

510 Les OEuvres de Boindin. *Paris*, 1753. 2 *vol. in*-12. *v. m.*

511. OEuvres Dramatiques de Nericault Destouches. *Paris*, 1757. 4 *vol. in*-4°. *v. f.*

512. OEuvres de Théâtre de Guyot de Merville. *Paris*, 1766. 3 *vol. in*-12. *v. m.*

513. OEuvres de Crébillon. *Paris*, 1785. 3 *vol. in*-8°. *m. noir. fig.*

514. OEuvres de Théâtre de Boissy. *Paris*, 1766 9 *vol. in*-8°. *v. m.*

515. Théâtre du Président Hesnault. *Paris*, 1770. *in* 8°. *v. ec.*

516 Théâtre de Duché. *Paris*, 1757. *in-12. v. m.*

517. Théâtre et OEuvres diverses de Morand. *Paris*, 1751. 3 *vol. in-12. baz.*

518. Recueil de Pièces sur la Comédie des Philosophes. *Paris*, 1757. 2 *vol. in-12. v. m.*

519. Théâtre et autres OEuvres de Fagan. *Paris*, 1760 4 *vol. in-12. v. m.*

520. Théâtre et OEuvres diverses de Pannard. *Paris*, 1763. 4 *vol. in-12. v. m.*

521. OEuvres de Théâtre de Mme de Grafigny. *Paris*, 1766. *in-12. v. m.*

522. OEuvres de Théâtre de Moissy. *Paris*, 1768. *in-12. v. m.*

523. Théâtre et OEuvres diverses de Sivry, *Londres*, 1764. *in-12. v. m.*

524. Théâtre de Barthe. *Paris*, 1764. *in-8°. v. f.*

525. OEuvres de Nivelle de la Chaussée. *Paris*, 1762. 5 *vol. in-12. v. m.*

526. Théâtre de De la Place. *Paris*, 1772. *in-8°. v. m.*

527. OEuvres complettes de Saurin. *Paris*, 1783. 2 *vol. in-8°. v. ec.*

528. OEuvres complettes d'Alexis Piron. *Neuchâtel*, 1777. 7 *vol. in-8°. v. ec.*

529. OEuvres de Colardeau. *Paris*, 1779. 2 *vol. in-8°. g. p. v. m. fig.*

530. OEuvres de Colardeau. *Paris*, 1779. 2 *vol. in-8°. g. p. v. porph. d. s. t.*

531. OEuvres complettes de Belloy. *Paris*, 6 *vol. in-8°. v. porph. fig.*

532. OEuvres de Palissot. *Liege*, 1777. 7 *vol. in*-8°. *v. f. fig.*

532 (*bis*). Théâtre de Bret. *Paris*, 1778. *in*-8°. *v. m.*

533. Théâtre de Société, par Collé. *Paris*, 1777. 3 *vol. in*-12. *baz.*

534. Le Comte de Comminges, Drame par d'Arnaud. *Paris*, 1768. *in*-8°. *v. f. fig.*

635. Mélanie ou la Religieuse, et autres Pièces, par de La Harpe. *Paris*, *Didot aîné.* 1792. *in*-18. *pap. vel. v. porph. d. s. t.*

536. Thèagène, Regulus. Déclamation théâtrale, par Dorat. *Paris*, 1766 *et suiv. in*-8°. *g. p. v. f. d. s. t.*

537. Le Théâtre Italien de Gherardi. *Amst.* 1701. 6 *vol. in*-12. *g. f.*

538. Théâtre des Boulevards, ou Recueil de Parades. *Mahon.* 1756. 3 *vol. in*-12. *v. m.*

Poëtes en Langues étrangères.

539. Le Rime del Petrarca. *In Dresda.* 1774, *in*-12. *v. m.*

540. L'Enfer, Poëme du Dante, trad. de l'Italien par Rivarol. *Paris*, 1788. *in*-8°. *pap. fin. v. f. d. s. t.*

541. Aminta Favola Boscareccia di Torquato Tasso. *In Glasgua*, 1753. *in*-12. *m. r.*

542. Jérusalem délivrée, Poëme du Tasse, trad. par Le Brun. *Paris*, 1774. 2 *vol. in*-8. *v. porph. dent. d. s. t.*

543. Le Seau enlevé, Poëme du Tassoni, trad. en François avec l'Italien à côté. *Paris*, 1678. 2 *vol. in*-12. *v. f. d. s. t.*

544. Il Pastor Fido di Guarini. *Amst.* 1672. *in-32. velin fig.*

545. Le Berger Fidele, traduit de l'Italien du Guarini, en vers Français. *Paris*, 1672. *in-12. baz. fig.*

546. Richardet, Poëme trad. en vers Français. *Paris*, 1766. 2 *vol. in-8°. v. m.*

547. OEuvres Dramatiques d'Apostolo Zeno, traduites de l'Italien. *Paris*, 1750. 2 *vol. in-12. m. cit.*

548. OEuvres de Romagnesi. *Paris*, 1772. 2 *vol. in-8°. v. m.*

549. Le Théâtre Espagnol. *Paris*, 1700. *in-12. v. b.*

550. Théâtre Espagnol. *Paris*, 1770. 4 *vol. in-12. v. m.*

551. Poésies Galliques d'Ossian, traduites sur l'Anglais de Macpherson, par Le Tourneur. *Paris*, 1777. 2 *vol. in-8°. v. m.*

552. OEuvres complettes de Pope, traduites en Français. *Paris*, 1779. 8 *vol. in-8°. v. f. d. s. t. fig.*

553. Les Nuits d'Young, traduites de l'Anglais par Le Tourneur. *Paris*, 1770. 2 *vol. in-8°. v. m.*

554. Shakespeare, traduit par Le Tourneur. *Paris*, 1776. 20 *vol. in 8°. v. m.*

Mythologie, Contes et Apologues.

555. Dictionnaire abrégé de la Fable, par Chompré. *Paris*, 1782. *in-12. baz.*

556. Histoire du Ciel, par Pluche. *Paris*, 1739. 2 *vol. in-12. v. porph.*

557. Lettres à Emilie sur la Mythologie, par De Moustier. *Paris*, 1792. 4 *part. en* 2 *vol. in*-12. *v. porph.*

558. Apologues et Contes Orientaux, par l'abbé Blanchet. *Paris*, 1784. *in*-8°. *baz.*

ROMANS

Romans moraux, critiques et allégoriques.

559. Joan. Barclaii Argenis cum Clave. *Lugd. Bat. Elzevier.* 1630. *in*-12. *vel.*

560. L'Argenis de Barclai, trad. en François par l'abbé Josse. *Chartres*, 1732. 3 *vol. in*-12. *v. b.*

561. Les Aventures de Télémaque, par Fénélon, avec les Remarques critiques de l'édition de 1725. *Londres*, 1780. 2 *vol. in*-12. *m. cit. dent. fig.*

562. Les Aventures de Télémaque, par Fénélon.. *Paris, Didot aîné*, 1783. 2 *vol. in*-4. *m. r.*

563. Les Aventures de Télémaque, par Fénélon. *Paris, Didot jeune*. 2 *vol. in*-4°. *br.*

564. Les aventures de Télémaques, par Fénélon. *Paris, Didot jenue*, 1790. 2 *vol. in*-8°. *b.*

564 (*bis*). Critique générale des Aventures de Télémaque, par Gueudeville. *Cologne*, 1700. *in*-12. *v. b.*

565. Sethos, par l'abbé Terrasson. *Paris*, 1731. 3 *vol. in*-12. *v. b.*

566. Robinson Crusoë, imité de l'Anglais par Feutry. *Paris*, 1780. 2 *tom. en un vol. in*-12. *baz.*

567. Les Aventures de Joseph Andrews, trad. de l'Anglais de Fielding. *Londres*, 1743. 2 *vol. in*-12. *v. b.*

568. Histoire et Aventures de Roderik Random, trad. de l'Anglais de Fielding. *Genève*, 1782. 2 *vol. in*-12. *baz.*

569. Histoire de François Wills, trad. de l'Anglais. *Amst.* 1773. *in*-12. *baz.*

570. Le Ministre de Wakefield, trad. de l'Anglais de Goldsmith. *Paris*, 1785. *in*-12. *v. m.*

571. Belisaire, par Marmontel. *Paris*, 1767. *in*-8°. *v. f. fig.*

572. Adele et Théodore, ou Lettres sur l'Education, par Mme. de Genlis. *Paris*, 3 *vol. in*-12. *baz.*

573. La Vie et les Opinions de Tristram Shandy, trad. de l'Anglais de Stern, par Frénais. *Paris*, 2 *vol. in*-12. *baz.*

573 (*bis*). La Vie et les Opininions de Tristram Shandy, trad. de l'Anglais de Sterne, par Frénais. *Paris*, 1787. 4 *tome en* 2 *vol. in*-12. *v. f.*

574. Voyage sentimental de Sterne, trad. par Frénais. *Paris*, 1769. *in*-12. *v. porph.*

475. Le Voyageur sentimental, par Vernes. *Londres*, 1787. *in*-12. *v. porph.*

576. Tableau des Mœurs ou Histoire de Justine de Saint-Val. *Paris*, 1786. *in*-12. *v. m.*

577. L'an 2440 par Mercier. *Paris*, 1786. 3 *vol. in*-8°. *v. m.*

578. Le Roman satyrique de Jean de Lannel. *Paris*, *in*-8° *v. f.*

579. Les Intrigues de Molière et celles de sa Femme. *in-12. v. b.*

80. Mémoires d'une Honnête-Femme, publiés par Chevrier. *Amst.* 1763. *in-12. baz.*

581. Les Amusemens des Dames, par Chevrier. *Rouen, in-12. baz.*

582. Le Colporteurs, Histoire morale et critique, par Chevrier. *Londres, in-12. baz.*

183. Paris, Histoire véridique, par Chevrier. *La Haye,* 1767. *in-8°. v. m.*

Romans Historiques.

584. La Polixène de Molière. *Paris,* 1644. 4 *vol. in-8°. v. f.*

585. Artamène ou le Grand Cyrus, par Scudery. *Paris,* 1655. 10 *vol. in-8°. v. porph.*

586. Cassandre, Roman. *Paris,* 1731. 10 *vol. in-12. v. m.*

587. Pharamond, Roman. *Holland.* 1669. 6 *vol. in-8°. v. b. fig.*

588. Recueil de Romans historiques. *Londres,* 1747. 8 *vol. in-12. v. m.*

589. Mémoires historiques et secrets concernant les Amours des Rois de France. *Paris, vis-à-vis le Cheval de bronze,* 1739 *in-12. v. m.*

590. Les Amours du Chevalier Bayard, par Mayer. *Paris,* 1787. *in-12. v. m.*

591. Les Aventures du Baron de Fœneste, par Théodore Agrippa d'Aubigné. *Cologne,* 1729. 2 *vol. in-8°. v. m.*

592. Histoire amoureuse des Gaules, par Bussy-Rabutin. *Amst.* 1754. 5 *vol. in-12 v. m.*

593. Carte Géographique de la Cour et autres galanteries, par Bussy-Rabutin. *Cologne*, 1668. *in*-12. *v. m.*

594. Le Duc de Guise, surnommé le Balafré, *Paris*, 1694. *in*-12. *v. b.*

595. Véritable Histoire de la Duchesse de Châtillon. *Cologne*, 1699. *in*-12. *v. b.*

596. La Princesse de Clèves. *Paris*, 1764. 2 *part. en nn vol. in*-12. *v. m.*

597. Le Siège de Calais, Nouvelle historique. *La Haye*, 1739. *in*-12. *baz.*

598. Les Amours de Mme d'Elbeuf, *Amsterd.* 1759 *in*-12. *v. f.*

599. Histoire de la Princesse de Montferrat. *Londres*, 1749. *in*-12. *v. m.*

600. Mémoires de Grammont par Hamilton. *Londres*, 1781. *in*-16. *m. verd.*

601. Mémoires du Comte de Gnine. *Amst.* 1761 *in*-12. *v. m.*

Romans d'Amour et de Chevalerie.

602. Les Amours Pastorales de Daphnis et Chloé, trad. du Grec par Amyot. *Paris*, *Coustellier*, 1731. *in*-12. *v. f. d. s. t. fig.*

603. Amours de Théagènes et de Chariclée *Paris*, *Coustellier*, 1743. 2 *vol. in*-12. *v. m. d. s. t. fig.*

604. Histoire des Amours de Cheréas et de Callirhoë, trad. du Grec. *Paris*, 1765. *in*-12. 2 *vol. v. m.*

605. Les Amours d'Ismène et d'Ismenias,

606

traduits du Grec par Godard de Beauchamp. *Londres*, 1783. *in*-18. *v. f. d. s. t.*

606. L'Astrée d'Honoré d'Urfé. *Paris*, 1647. 5 *vol. in*-8°. *v. f. d. s. t.*

607. Le Page disgracié, par Tristan. *Paris*, 1643. 2 *vol. in*-8°. *v. f.*

608. La Sireine d'Honoré d'Urfé. *Paris*, 1611. *in*-12. *m. bl.*

609. L'Endimion de Gombaud. *Paris*, 1624. *in*-8°. *m. cit. fig. de Crispin de Pass.*

610. Tarsis et Zélie. *Genève*, 1786. 6 *vol. in*-12. *baz.*

611. Le Roman Bourgeois, par Furetierre. *Nancy*. 1713. *in*-12. *v. b.*

612. Zayde, Histoire Espagnole, par Ségrais. *Paris*, 1764. 2 *vol. in*-12. *v. m.*

613. Histoire du Prince Apprius. *La Haye*, 1729. *in*-12. *v. ec.*

614. Histoire d'Hyppolite, Comte de Duglas, par Mme. d'Auslnoy. *Paris*, 1736. *in*-12. *v. b.*

615. Lettres du Marquis de Roselle. *Paris*, 1770. *in*-12. *baz.*

616. Lettres d'Amour d'une Religieuse Portugaise. *in*-12. *v. m.*

617. Histoire de la Comtesse Des Barres *Anvers*, 17 5. *in*-12. *v. f.*

618. OEuvres de Le Sage. *Paris*, *in*-8°. *v. m. fig*

619. Histoire de Mme. de Luz. *Amst.* 1744. *in*-12. *v. m.*

620. Mémoires et Aventures d'un Homme de qualité. *Amsterd.* 1731. 4 *vol. in*-12. *v. b.*

621. Histoire du Chevalier Des Grieux et de Manon Lescaut. *Amst.* 1756. 2 *vol. in-12. cart.*

622. Arsace et Isménie, Histoire Orientale, par Montesquieu. *Paris, Didot aîné. in-18. pap. fin. m. verd.*

623. Tanzai et Néadarné, Histoire Japonaise. *Paris*, 1763. 2 *vol. in-12. baz. fig.*

624. Acajou et Zirphile. *Minutie*, 1744. *in-12. v. m.*

625. Les Sonnettes. *Bergopzoom*, 1751. 2 *vol. in-12. v. ec.*

626. Les Confessions du Comte de.... *Amst.* 1741. 2 *tom. en un vol. in-12. v. f.*

627. Lettres de la Marquise de M.... au Comte de R..... *Paris*, 1767. *in-12. baz.*

628. Lettres Athéniennes, par Crébillon fils. *Londres*. 1771. 4 *tome en* 2 *vol. in-8°. parch. verd.*

629. Ah quel Conte, par Crébillon fils. *Bruxelles*, 1754. 4 *part. en* 2 *vol. in-12. v. m.*

630. Lettres de la Duchesse de..... au Duc de..... *Paris*, 1769. *in-12.* 2 *vol. v. m.*

631. Angola, Histoire Indienne. *Londres*, 1751. 2 *part. en un vol. in-12. v. m.*

632. Le Cousin de Mahomet. *Constantinople*, 1770. 2 *tom. en un vol. in-12. v. m. fig.*

634. La Paysanne parvenue, par le Chevalier de Mouhy. *Paris*, 1777. 4 *vol. in-12. baz.*

634. L'Etourdie ou Histoire de Mrs. Betsy Tatless. *Paris*, 1754. 4 *vol. in-12. v. m.*

635. Les Amours du bon vieux Temps. *Vaucluse*, 1754. *in*-12. *v. f. d. s. t.*

636. Lettres d'une Périvienne, par Mme. de Grafigny. *Londres*, 1787. *in*-12. *baz.*

637. Histoire de Tom Jones, trad. de l'Anglais de Fielding, par de La Place. *Amst.* 1780. 4 *tome en* 2 *vol. in*-12. *v. m. fig. de Gravelot.*

638. L'Orpheline Anglaise, par M. de La Place. *Liege*, 1773. 4 *tome en* 2 *vol. in*-18. *baz.*

639. Oronoko, traduit de l'Anglais de Mme. Behn. *Amst.* 1740. *in*-12. *v. m.*

640. Lettres de Mistriss Fanni Butlerd, trad. de l'Anglais par Mlle. de Varançay. *Amst.* 1757. *in*-12. *v. f.*

641. L'Esprit de Julie ou Extrait de la nouvelle Héloïse, par Formey. *Berlin*, 1763. *in*-12. *v. m.*

642. Les Amours de Myrtil, *Constantinople*, 1761. *in*-8°. *v. f.*

643. Histoire de Julie Mandeville. *Paris*, 1764. 3 *part. en un vol. in*-12. *baz.*

644. Les Egaremens du Cœur et de l'Esprit, ou Mémoires de Meilcour. *Paris*, 1765. 3 *part. en un vol. in*-12. *baz.*

645. Lucette ou les Progrès du Libertinage. *Londres*, 1765. *in*-12. *v. m.*

646. Hau Kiou Choaan, Histoire Chinoise. *Lyon*, 1766. 2 *vol. in*-12. *v. m. d. s. t.*

647. Lettres de la Comtesse de Sancerre, par Mme. Ricoboni. *Paris*, 1786 *in*-12. *v. f.*

648. Lettres de Milady Juliette Catesby, par Mme. Ricoboni. *Paris*, 1785. 2 *tom. en un vol. in*-12. *v. f.*

649. Recueil de Pièces détachées, par Mme. Ricoboni. *Paris*, 1773. *in*-12. *v. f.*

650. Clarisse Harlove, trad. de l'Anglais, par Le Tourneur. *Paris*, 1785. 10 *vol. in*-8°. *baz.*

651. Lettres de deux Amans, habitans de Lyon. par Léonard. *Paris*, 1783. 2 *tom. en un vol. in*-12. *v. m.*

652. Les Sacrifices de l'Amour, par Dorat. *Paris*, 1772. 2 *tome en un vol. in*-8°. *v. porph.*

653. Les Malheurs de l'Inconstance. *Paris*, 1772. 2 *tome en un vol. in*-8°. *v. m.*

654. Les Egaremens de l'Amour, par Imbert. *Paris*, 1776. 2 *part. en un vol. in*-8°. *v. f.*

655. Lydia, imitation de l'Anglais par de La Place. *Londres*, 1772. 2 *vol. in*-12. *v. m.*

656. Mémoires Turcs. *Amsterd.* 1777. *in*-12. *baz.*

657. L'Académie Militaire ou les Héros subalternes. *Amst.* 1777. 2 *tom. en un vol. in*-12. *v. m.*

658. Lettres d'Amour d'une Religieuse Portugaise. *Londres*, 1777. 2 *vol. in*-12. *cart.*

659. Les Passions du jeune Werther, trad. de l'Allemand de Goethe, par Aubry. *Manheim*. 1777. *in*-8°. *v. f.*

660. L'Etourdi. *Lampsaque*, 1784. 2 *part. en un vol. in*-12. *baz.*

661. Cecilia ou Mémoires d'une Héritière. *Paris*, 1784. 4 *vol. in*-12. *v. ec.*

662. Evelina, Roman. *Bouillon*, 1784. 2 *vol. in*-12. *v. m.*

663. Le Vicomte de Barjac. *Dublin*, 1784. *in*-12. *v. f.*

664. Mémoires de Mme. de Morsheim ou suite des Mèmoires de Barjac. *Dublin*, 1786. *in*-18. *v. f. d. s. t.*

665. Les Liaisons dangereuses, par Choderlos de Laclos. 1787. 2 *vol. in*-12. *v. porph.*

665 (*bis*). Lettres de la Comtesse de L.... au Comte de R.... *Paris*, 1785. *in*-12. *v. m.*

666. L'Elève du Plaisir, par Pratt, trad. de l'Anglais. *Paris*, 1787. *in*-12. *v. ec.*

667. Le Vieux Baron Anglais, imité de Mistriss Clara Reeve par de La Place. *Paris*, 1787. *in*-12. *v. ec.*

668. La Vie de mon Père, par Retif de la Bretonne. *Paris*, 1788. *in*-12. *baz. fig.*

669. Estelle, Roman Pastoral, par Florian. *Paris*, *Didot jeune*, 1788. *in*-18. *pap. vel. v. d. s. t.*

670. Galatée Pastorale, imitée de Cervantes par Florian. *Paris*, *Didot jeune*. 1788. *in*-18. *pap. vel. v. f. d s. t.*

671. Les Amours d'Anas Eloyoud et de Ouardi, Conte, trad. de l'Arabe par Savary. *Paris*, 1789. *in*-8o. *v. f.*

672. Sophie ou Mémoires d'une jeune Religieuse. *Paris*, 1792. *in*-8o. *v. f.*

673. Elfrida ou l'Ambition paternelle, trad. de l'Anglais par Moreau. *Paris*, 1792. 3 *vol. in*-12. *v. m.*

674. Simple Histoire, trad. de l'Anglais de Mistriss Inchbald, par Deschamps. *Paris*, 1791. 4 *tomes en* 2 *vol. in*-8o. *parch. verd.*

675. Ferdinand et Constance, Roman sentimental, par Rhynvis Feith. *Paris, l'an Ier. in-8°. parch. verd.*

676. Histoire de Don Quixotte. *Amst.* 1692. 5 *vol. in-12. m. r. fig.*

677. Traduction libre d'Amadis de Gaule, par Tressan. *Paris*, 1779. 2 *vol. in-12. v. m.*

678. Histoire du Vaillant Chevalier Tiran le Blanc, par Caylus. *Londres*, 2 *vol. in-8°. v. f. d. s. t.*

Contes et Nouvelles.

679. Le Décaméron de Jean Boccace, trad. en Français. *Londres* (Paris), 1757. 5 *vol. in-8°. br.*

680. Les Contes de Pagge, Florentin. *Amsterd.* 1712. *in-12. v. porph.*

681. Contes, nouvelles Récréations et Joyeux Dévis de Bonaventure Desperriers. *Amsterd.* 1735. 3 *vol. in-12. v. m.*

682. Contes et Nouvelles de Marguerite de Valois. *Amsterd.* 1698. 2 *vol. in-12. m. r. fig. d. R. de Hooge.*

683. Les Cent Nouvelles Nouvelles. *La Haye*. 2 *vol. in-12 v. m.*

684. Les Contes et Discours d'Eutrapel, par Noel Du Fail. 1703. 2 *vol. in-12. v. f.* — Les Ruses et Finesses de Ragot, par le même. 1732. *in-12. v. f.*

685. Les Facécieuses Nuits de Straparole. 1726 2 *vol. in-12. v. f.*

686. Amitiés, Amours, Amourettes et Nouvelles OEuvres de Le Pays. *Amst.* 2 *vol. in-12. v. f.*

687. Contes des Fées, par Perrault. *Paris, in-12 v. f. d. s. t.*

668. La Tour Ténébreuse et les Jours lumineux, Contes Anglais. *Paris, in-12. v. b.*

689. Le Conte du Tonneau, traduit de L'Anglais de Svvift. *La Haye.* 3 *vol. in-12. v. ec.*

690. Le Sopha, Conte Moral. *Pekin,* 1749. 2 *part. en un vol. in-12. v. m.*

691. OEuvres d'Antoine Hamilton. *Paris,* 7 *vol. in-12. v. f.*

692. La Nuit et le Moment, ou les Matines de Cythere. *Londres.* 1755. *in-12. v. f.*

693. Contes, Aventures et Faits singuliers, par l'abbé Prévost. *Paris,* 2 *vol. in-12. v. m.*

694. Mémoires d'un Frivolite. 1761. *in-12. v. m.*

695. Le Pythagore Moderne, ou les Aventures du Gö... 1762. *in-12. Cart.*

696. Le Hazard du coin du feu. Dialogue moral. *La Haye.* 1764. *in-12. v. f.*

697. Les Contes des Génies, par Morell. *Amst.* 1766. 3 *vol. in-12. v. porph. fig.*

693. Gulianne, Conte. *Paris,* 1772. — Mélange amusant de Saillies d'Esprit, etc. par Le Sage. *Paris,* 1755. *in-12. baz.*

699. Contes Moraux à l'usage de la Jeunesse, trad. de l'Italien de Soave, par Simon. *Paris,* 1789 *in-12. baz.*

700. Nouvelles Historiques, par d'Arnaud. *Paris*, 1788 *et autres années*. 6 *vol*. *in*-8°. *v*. *f*.

701. Nouvelles Nouvelles, par Florian. *Paris*, *Didot aîné*. 1782. 2 *vol*. *in*-18. *v*. *f*. *d*. *s*. *t*.

Facécies

702. Les Mètamorphoses ou l'Ane d'or d'Apulée, trad. en Français. *Paris*. *Bastien*. 1787. 2 *vol* *in*-8°. *v*. *porph*. *fig*.

703 Les OEuvres de Rabelais. *Amsterd*. *Elzevier*. 1663 2 *vol*. *in*-12. *m*. *r*.

704. OEuvres de Rabelais. *Paris*, *Bastien*. 1783. 2 *vol* *in*-8°. *br*. *pap*. *d'Holl*.

705. Le Moyen de parvenir, par Beroalde de Verville. *Chinon*, *sans date*. *in*-12. *m*. *r*.

706. Les Sérées de Guillaume Bouchet. *Paris*, 1608. 3 *vol*. *in*-12. *v*. *m*.

707. Les Bigarrures et Touches du Seigneur des accords. *Paris*, 1662. *in*-12 *v*. *porph*. *d*. *s*. *t*.

708. La Vie de Lazarille de Tormes, en Espagnol et en Français. *Paris*, 1660 *in*-12. *baz*.

709. La Vie et Aventures de Lazarille de Tormes. *Bruxelles*, 1699. *in*-12 *v*. *b*. *fig*.

710. Les Récréations Françaises ou Recueil de Contes à rire, *Paris*, 1658. *in*-12. *baz*.

711. Les Aventures de d'Assoucy. *Paris*, 1677. 2 *tomes en un vol*. *in*-12. *v*. *f*.

712. Recueil de Pieces ; savoir — Alphonse dit l'Impuissant ; Tragédie. — Quelques Aventures des Bals de Bois, par Caylus. 1745. — La Source du gros Fessier des Nourrices. — Sermon joyeux d'un Dépuceleur de Nourrices. — La Source et Origine des C... sauvages. — Nocrion, Conte Allobroge. 1747. — Les Fêtes roulantes et les Regrets des petites Rues, par Caylus. 1747. *in*-12. *m. r. Les pieces rares sont d'éditions renouvellées.*

713. Les Etrennes de la St.-Jean, par Caylus. *Troyes*, 1742. *in*-12. *v. f.*

714. Les Ecosseuses, ou les œufs de Pâques, par Caylus. *Troyes*, 1745. *in*-12. *v. f.*

715. Recueil de ces Messieurs, par Caylus. *Amst.* 1745. *in*-12. *v. ec. d. s. t.*

716. Recueil de ces Dames, par Caylus. *Bruxelles*, 1755. *in*-12. *v. f.*

717. Le Pot-Pourri, ouvrage nouveau de ces Dames et de ces Messieurs, par Caylus. *Amst*, 1748. *in*-12. *v. m.*

718. Mémoires du Comte de Rantzow, ou Heures de récréation, *Amst*, 1741. 2 *tom. en un vol. in* 12. *v. m.*

719. Voyage de Paris à St.-Cloud par mer et retour par terre. *Paris*, 1783. *in*-12. *v. f.*

720. Réflexions sur les Grands Hommes qui sont morts en plaisantant, par Deslandes. *Amsterd.* 1758. *in*-12. *v. ec.*

PHILOLOGIE.

Critiques Anciens et Modernes.

721. Banquet des Savans par Athénée, traduit par Le Febvre de Villebrune. *Paris*. 1765. 5 *vol. in-4°. br. en cart.*
722. Les Nuits Attiques d'Aulu-Gelle, traduites en Français. *Paris*, 1776. 3 *vol. in-12 v. m.*
723. Essai sur le Beau, par le P. André. *Amst.* 1759. *in-12. v. m.*
724. De l'Amour d'Henri IV pour les Lettres. *Paris*, 1785. *in-12. m. r.*
725. Réflexions historiqnes et critiques sur le Goût, par D'Argens. *Berlin*. 1733. *in-12. v. porph.*
726. Mémoires du Marquis D'Argens. *Londres*, 1735. *in-12. v. b.*
727. Questions sur l'Encyclopédie, par Voltaire. 1770. 9 *vol. in-8°. vel.*
728. Correspondance littéraire ou Lettres critiques sur la Littérature Française du 18me. siecle, par Sabatier. *Londres*, 1780. *in-12. v. ec.*
729. Observations critiques, par Clément. *Geneve*, 1771. *in-8°. v. m.*
730. Essais de Critique sur la littérature ancienne et Moderne, par Clément. *Paris*, 1785. 2 *vol. in-12. baz.*
731. Lettres à Voltaire, par Clément. *La Haye*. 1773. 4 *vol. in-8°. v. m.*

732. La Naissance de Clinquant et de sa fille Mérope. 1744. *in-12. v. m.*

733. Lettres sur les Hommes célèbres du Regne de Louis XV. *Paris*, 1752. — Histoire de la Félicité. — L'Homme aimable, etc. *in-12. v. m.*

734. Voltariana ou Eloges amphigouriques de Voltaire. *Paris*, 1748. *in-8°. v. m.*

735. Encyclopédie Liliputienne, ou petits Chefs-d'œuvre d'Eloquence. *in-24. v. m.*

736. Analyse des Ouvrages de J. J. Rousseau et de Court de Gebelin. *Geneve*, 1785. *in-8°. v. porph.*

737. Lettres sur les Ouvrages et le Caractère de J. J. Rousseau, par Mme. de Staal. 1789. *in-8°. v. f.*

Satyres et Apologies.

738. Pétrone Latin et Français, traduit par Nodot. *Amst*, 1736. 2 *vol in-12. v. f. fig.*

739. Satyre de Pétrone, traduite par Boispréaux. *Londres*, 1742. 2 *tom. en un vol. in-12. v. m.*

740. Euphormionis Lusinini sive Joan. Barclaii Satyricon partes quinque. *Lugd. Bat. Elzevier*, 1637. *in 12. vel.*

741. Les Satyres d'Euphormion de Lusine, trad. du Latin de Barclai. *Paris*, 1624. *in-8°. v. f. d. s. t.*

742. Histoire de Pierre de Montmaur, par Sallengre. *La Haye*, 1715. 2 *vol. in-8°. v. b.*

743. Mémoires pour servir à l'Histoire de la Calotte. *Moropolis*, 1732. *in*-12. *v. b.*

744. Mémoires de l'Académie des Sciences établie à Troyes, par Grosley. *Paris*, 1756. *in*-12. *v. m.*

745. La Satyre universelle. *Paris*, 1788. *in*-8°. *baz.*

746. Les Confessions d'Emmanuel Figaro. *Paris*, 1787. *in*-12. *baz.*

747. Petit Dictionnaire des Grands Hommes de la Révolution. *Paris*, 1790. *in*-12. *baz.*

748. Le petit Almanach de nos Grands Hommes. *Paris*, 1788. *in*-12. *baz.*

749. Recueil de Pieces relatives au petit Almanach de nos Grands Hommes. *Paris*, 1788. *in*-12. *baz.*

750. La Chronique Scandaleuse ou Mémoires pour servir à l'Histoire de la Génération présente. *Paris*, 1786. 4 *tom. en* 2 *vol. in*-12. *v. f.*

751. Apologie pour Hérodote, par Henry-Etienne. *La Haye*, 1735. 3 *vol in*-12. *v. m.*

752. Henri Corneille Agrippa sur la noblesse et excellence du Sexe féminin. trad. par Gueudeville. *Leiden*, 1726. 3 *vol in*-12. *v. porph.*

753. Plaidoyer pour et contre J. J. Rousseau et le Docteur Hume. *Lyon*. 1768. *in*-12. *v. m.*

Dissertations sur des Sujets singuliers.

754. De l'Origine des Etrennes, par Spon. *Paris*, *Didot aîné*, 1781, *in*-18. *br*.

755. Les Quinze Joies de Mariage. *La Haye*. 1734. *in*-12. *v*. *b*.

756. Dictionnaire d'Amour. *La Haye*, 1741. *in*-12. *baz*.

757. Les Yeux, le Nez, etc., par le Sieur du Commun. *Amst*. 1760. *in*-12. *v*. *m*.

758. Cléon, Rhéteur Cyrénéen, ou Apologie d'une partie de l'Histoire Naturelle. *Amst*.. 1770. *in*-12. *baz*.

759. Essai sur l'Amour. *Amst*. 1783. *in*-18. *v*. *m*.

760. Traité curieux des Charmes de l'Amour conjugal, trad. du Latin par Brumore. *Berlin*, 1784. *in*-12. *baz*.

761 Petit Traité de l'Amour des Femmes pour les Sots, et autres Pieces. *Pétersbourg*, 1788. *in*-8° *v*. *f*

762. Histoire de la Galanterie chez les différens Peuples. *Paris*, 1793. 2 *vol*. *in*-12. *baz*.

Pensées, Saillies, Bons Mots, Esprits, Ana, Emblêmes.

763. Pensées ingénieuses des Anciens et des Modernes, par le P. Bouhours. *Paris*, 1761. *in*-12. *v*. *m*.

764 Les divers Propos mémorables des nobles et illustres Hommes de la Chrétienté, par Gilles Corrozet. *Paris*, 1556. *in-8°. v. m.*

765. Saillies d'esprit ou Choix curieux de Traits agréables, etc., par Gayot de Pitaval. *Paris*, 1738. 2 *vol. in-12. v. m.*

766. Mes Pensées, par la Beaumelle. *Berlin*, 1761. *in-12. v. f.*

767. Encyclopediana ou Dictionnaire Encyclopédique des Ana. *Paris*. 1791. *in-4°. baz.*

768. Poggiana. *Amst.* 1720, 2 *vol. in-12. vel.*

769. Scaligerana prima et secunda. *Groningæ*. 1669. *in-12. v. b.*

770. Perroniana et Thuana. *Cologne*, 1694. *in-12. vel*

771. Menagiana ou les Bons Mots de Ménage. *Paris*, 1715. 4 *vol in-12. v. b. avec les cartons.*

772. Naudæana et Patiniana. *Paris*, 1701. *in-12. v. m.*

773 Valesiana ou pensées de Valois. *Paris*, 1694. *in-12. v. b.*

774. Bolæana ou les Bons Mots de Boileau. *Amsterd.* 1742. *in-12. v. b.*

775. La Vie et les Bons Mots de Santeuil. *Amst.* 1752. *in-12. v. m.*

776. Santoliana ou la Vie et les Bons Mots de Santeuil, par Dinouart. *Paris*, 1764. *in-12. v. porph.*

777. Huetiana ou Pensées diverses de Huet. *Amst.* 1723. *in-12. v. f.*

778. Chevræana. *Paris*, 1697. 2 *vol in-12. v. f.*

779. Saint-Evremoniana. *Paris*, 1705. *in*-12. *v. b.*

780. Carpentariana ou Pensées de Charpentier. *Paris*, 1751. *in*-12. *v. m.*

781. Ducatiana ou Remarques critiques de Le Duchat. *Amst.* 1738. 2 *tom. en un vol. in*-12. *v. b.*

782. Longueruana ou Recueil de Pensées de l'abbé de Longuerue. *Berlin*, 1753. *in*-12. *v. m.*

783. Esprit, Saillies, et Singularités du P. Castel. *Paris*, 1763. *in*-12. *v. m.*

784. L'Esprit de l'abbé Desfontaines. *Londres*, 1757. 4 *vol in*-12. *v. m.*

785. Tableau philosophique de l'esprit de Voltaire. *Genève*, 1771. *in*-8°. *baz.*

786. Dell' imprese di Scipion Bargagli. *In Venetia*. 1594. *in*-4° *v. m. fig.*

POLIGRAPHIE.

Poligraphes Anciens et Modernes.

787. OEuvres de Lucien, traduites du Grec, par Belin de Balu. *Paris*, *Bastien*, 1789. 6 *vol. in*-8°. *v. m.*

788. Les OEuvres d'Alain Chartier. *Paris*, 1617. *in*-4°. *baz.*

789. OEuvres diverses de Balzac. *Amsterdam*, *Elzevier*. 1664. *in*-12. *v. m.*

790. Lettres et Entretiens de Balzac. *Leyde*, *Elzevier*, 1667. 2 *vol. in*-12. *vel. et v. b.*

791. Lettres de Balzac *Amst. Elzevier.* 1654. *in*-12. *v. m.*

792. OEuvres de La Mothe Le Vayer. *Dresde.* 1756. 14 *vol. in*-8°. *v. ec.*

793. Les OEuvres de Voiture. *Paris*, 2 *vol. in*-12. *v. b.*

794. Les OEuvres de Sarrasin. *Paris*, 1683. *in*-12. *v. b.*

795. Les OEuvres de Montreuil. *Paris*, 1666. *in*-12. *v. m.*

796. OEuvres de Pascal. *La Haye*, 1779. 5 *vol. in*-8°. *v. b.*

797. OEuvres complettes de Fléchier. *Nismes*, 1784. 10 *vol. in*-8°. *v. f.*

798. OEuvres de Maucroix. *Amst.* 1688. *in*-12. *v. m.*

799. OEuvres meslées de Chevreau, *La Haye*, 1697. *in*-12. *v. b.*

800. OEuvres meslées de St.-Evremont. *Londres*, *Tonson.* 3 *vol. in*-4°. *v. f. d. s. t.*

801. OEuvres du P. Rapin. *La Haye.* 1725. 3 *tom. en* 6 *vol. in*-12. *v. f.*

802. OEuvres diverses de Pierre Bayle. *La Haye*, 1727. 4 *vol. in-fol. v. f. d. s. t.*

803. OEuvres diverses de Cyrano de Bergerac. *Amsterd.* 1710. 2 *vol. in*-12. *v. b.*

804. OEuvres de Sacy contenant ses Traductions des Lettres de Pline et du Panégyrique de Trajan, etc. *Paris*, 1722. *in*-4°. *v. b.*

805. OEuvres diverses de l'abbé Gedoyn. *Paris*, 1745. *in*-12. *v. f.*

806. OEuvres de Houdar de La Motte. *Paris*, 1754. 10 *vol. in*-12 *v. m.*

807. OEuvres de Fontenelle. *Paris*, *Bastien.* 1790. 8 *vol. in*-8°. *v. f. d. s. t.*

808. OEuvres de Moncrif. *Paris*, 1751, 3 *vol. in-12. v. m. d. s. t.*

809. OEuvres de Montesquieu. *Londres*, 1767. 3 *vol. in-4°. v. f. d. s. t.*

810. OEuvres posthumes de Montesquieu. *Paris*, 1784. *in-12. v. f.*

811. Les mêmes OEuvres de Montesquieu. *Paris, Bastien*, 1788. 5 *vol. in-8°. br. en cart.*

812. OEuvres de Valentin Jameray Duval. *St.-Pétersbourg.* 2 *vol. in-8°. v. ec.*

813. Recueil de quelques Ouvrages de Watelet. *Paris*, 1784. *in-8°. v. m.*

814. Opuscules de Fréron. *Amsterd.* 1753. 3 *vol. in-12. v. f.*

815. OEuvres de Saint-Foix. *Paris*, 1777. 6 *vol. in-12. v. f.*

816. OEuvres complettes de l'abbé de Voisenon. *Paris*, 1781. 5 *vol. in-8°. v. ec. d. s. t.*

817. OEuvres de J. Jacques Rousseau, *Paris, Poinçot*, 1788 *et suiv.* 23 *vol. in-8°. br. en cart. fig. pap. vel.*

818. OEuvres de J. J. Rousseau. *Paris, De Fer de Maisonneuve*, 1793. *in-4°. br. tome Ier. fig, av. la lettre.*

819. Les mêmes OEuvres de J. J. Rousseau. *Edit. de De Fer de Maisonneuve, in-4. br. fig. avec la lettre, tome Ier.*

820. J. J. Rousseau à d'Alembert sur son article *Geneve* de l'Encyclopédie. *Amst.* 1758. *in-8°. v. m.*

821. OEuvres diverses du Comte de Tressan. *Paris*, 1776. *in-8°. v. f.*

822. OEuvres complettes de Voltaire. *Edit. de Beaumarchais*, *Kell*, 1785. 70 *vol. in-8°. g. pap. velin m. bl. reliure de Bradel. fig. avant la lettre.*

823. Les mêmes OEuvres de Voltaire. *Edit. de Beaumarchais*, *Kell*, 1785. 92 *vol. in-12. baz. pap. à 2 liv. 10 s.*

824. Les mêmes OEuvres de Voltaire. *Edit. de Beaumarchais*. 92 *vol. in-12. pap. à 2 liv. 10 s. en feuilles.*

825. OEuvres complettes de Marmontel. *Paris*, 1787. 17 *vol. in-12. v. f.*

826. OEuvres mêlées de Dutens. *Geneve*, 1784. *in-8°. v. f. d. s. t.*

827. OEuvres badines et morales de Cazotte. *Londres*, 1788. 7 *tom. en* 3 *vol. in-18. baz.*

828. OEuvres posthumes de Fréderic II, Roi de Prusse. *Berlin*, 1788. 16 *vol. in-8°. v. m.*

829. OEuvres posthumes de Rulhieres. *Paris*, 1792. *in-12. v. f.*

Mélanges et Recueils de Pièces.

830. Les Essais de Michel de Montaigne. *Londres*, *Tonson*. 1724. 3 *vol. in-4°. m. cit.* — Voyage du même Montaigne en Italie. *Paris*, 1774. *in-4°. g. p. m. cit.*

831. Les Essais de Michel de Montaigne. *Paris*, *Bastien*, 1793. 3 *vol. in-8°. pap. vel. br.*

832. Mélanges de Littérature tirés des Lettres manuscrites de Chapelain. *in-12. v. b.*

833. Mélanges de Littérature, par Sallengre. *La Haye*, 1715. 2 *vol. in*-12. *v. b.*

834. Mémoires Littéraires. *Amst.* 1716. 2 *tom. en* 1 *vol. in*-8°. *v. b.*

835. Mélanges d'Histoire et de Littérature, par Vigneul Marville. *Paris*, 1725. 3 *vol. in*-12. *v. b.*

836. Histoire d'un Voyage littéraire fait en 1733. *La Haye*, 1735. *in*-12. *v. m.*

837. Mémoires historiques, critiques et littéraires, par Amelot de la Houssaye. *Amst.* 1737. 3 *vol. in*-12. *v. m.*

838. L'Art de désopiler la rate. *Venise*, 1773. 2 *vol. in*-12. *v. m.*

839. Recueil de Pieces fugitives, par La Riviere. *Rotterdam*, 1745. *in*-12. *v. m.*

840. Essais sur divers sujets de Littérature et de Morale, par l'abbé Trublet. *Paris*, 1749, 4 *vol. in*-8°. *g. p. v. m.*

841. Recueil de différentes choses, par le Marquis de Lassay. *Lausanne*, 1756. 4 *vol. in*-12. *v. m.*

842. Mes Fragmens. *Londres*, 1758. *in*-12. *v. ec.*

843. Mélanges d'Histoire et de Littérature, par Terrasson. *Paris*, 1768. *in*-12. *v. m.*

844. Mélanges de Littérature, d'Histoire et de Philosophie, par d'Alembert. *Amst.* 1767. 4 *vol. in*-12. *v. f.*

845. Recueil d'Opuscules littéraires. *Amst.* 1767. *in*-8°. *v. m.*

846. Variétés Littéraires. *Paris*, 1768. 4 *vol. in*-12. *parch. verd.*

847. Bibliothèque d'un Homme de goût. *Avignon*, 1772. 2 *vol. in*-12. *baz.*

848. Le Radoteur ou Nouveaux Mélanges. *Paris*, 1777. 2 *vol. in*-8°. *v. m.*

849. Mélanges de Politique et de Littérature, extraits des Annales de Linguet et autres Opuscules du même. *Bouillon*, 1780. 4 *vol. in*-8°. *v. m.*

850. Les Numeros. *Paris*, 1782. 2 *vol. in*-12. *v. ec.*

851. Mélanges de Littérature. *Philosopolis*, 1783. 2 *vol. in*-18. *v. ec. d. s. t.*

852. Pièces intéressantes et peu connues pour servir à l'Histoire de la Littérature, par de La Place. *Paris*, 1785. 8 *vol. in*-12. *baz.*

853. Variétés morales et amusantes tirées des Journaux Anglais. *Paris*, 1784. 2 *vol. in*-12. *v. m.*

854. Errotika Biblion, par Mirabeau. *Paris*, 1792. *in*-8°. *v. porph.*

855. Les Etrennes de mon Cousin. *Paris*. *in*-12. *baz.*

856. Répertoire Anglais ou Recueil de Littérature, d'Histoires et d'Anecdotes Anglaises. *Paris*, 1789. *in*-12. *baz.*

857. Tablettes d'un Curieux ou Variétés historiques, littéraires et morales. *Paris*, 1786. 2 *tom. en un vol. in*-12. *v. f.*

Dialogues.

858. Desiderii Erasmi Colloquia. *Lugd. Bat. Elzevier*. 1643. 2 *vol. in*-12. *v. ec.*

859. Les Colloques d'Erasme, traduits en Français par Gueudeville. *La Haye*, 1720. 6 *tomes en* 3 *vol. in*-12. *vel.*

860. Cymbalum Mundi, par Bonaventure Desperiers. *Amsterd.* 1711. *in-12. v. m.*

861. Les Entretiens d'Ariste et d'Eugène, par le P. Bouhours. *Paris*, 1768. *in-12. v. m.*

862. Sentimens de Cléanthe sur les Entretiens d'Ariste et d'Eugène, par Barbier d'Aucour. *Paris*. 1776. *in-12. v. m.*

863. Cinq Dialogues à l'imitation des Anciens, par Oratius Tubero, (La Mothe Le Vayer). *Francfort*, 1716. 2 *vol. in-12. v. b.*

864. Hexaméron Rustique, ou les six Journées passées à la Campagne, par La Mothe Le Vayer. *Cologne*, 1671. *in-12. v. porph.*

865. Joannis Meursii elegantiæ Latini Sermonis. *in-12. v. f. d. s. t. fig.*

Epistolaires.

866. Lettres choisies et nouvelles Lettres de Guy Patin. *La Haye et Rotterdam*, 1718 *et* 1725, 7 *vol. in-12. v. m.*

867. Lettres de Bussy Rabutin. *Amsterd.*, 1752. 6 *vol. in-12. v. m.*

866. Lettres historiques de Pelisson. *Paris*, 1729. 3 *vol. in-12. v. b.*

869. Lettres de Boursault. (*Holl.*) 1702. *in-12. vel.*

870. Lettres nouvelles, par Boursault. *Paris*, 1738. 3 *vol. in-12. v. m.*

871. Lettres de Babet, par Boursault. *Paris*, 1720. *in-12. v. b.*

872. Fragmens de Lettres originales de Charlotte Elisabeth de Baviere. *Paris*, 1788. 2 *tom. en un vol. in-12. v. b.*

873. Recueil des Lettres de Mme. de Sevigné. *Paris*, 1734. 6 *vol. in-12. v. b.*

874. Lettres de Mme. de Sevigné au Comte de Bussy Rabutin. *Paris*, 1775. *in-12. v. ec.*

875. Recueil des Lettres de Mme. de Sevigné. *Paris*, 1775. 9 *vol. in-12. v. m.*

876. Lettres de Ninon de Lenclos. *Amst.* 1750. *in-12. quarré v. m.*

877. Lettres curieuses sur divers Sujets. *Paris*, 1725. 2 *vol. in-12. m. r.*

878. Lettres de J.-B. Rousseau. *Geneve*, 1749. 5 *vol. in 12. v. m.*

879. Lettres du Comte de Chesterfield à son fils. *Rotterdam*, 1779. 4 *tom. en* 2 *vol. in-12. v. f.*

880. Lettres Juives, par le Marquis d'Argens. *La Haye*, 1738. 6 *tom. en* 3 *vol. in 12. v. m.*

881. Lettre de J. J. Rousseau à M. de Beaumont. *Amst.* 1762. *in-12. v. m.*

882. Modéle de Lettres. *Lyon*, 1762. *in-12. baz.*

883. Lettres Originales de Mirabeau. *Paris*, 1792. 4 *vol. in-12. baz.*

HISTOIRE.

Géographie, Voyages, Descriptions des Villes et Pays.

884. Pausanias ou Voyage historique de la Grèce, traduit par Gedoyn. *Paris*, 1731. 2 *vol. in-4°. g. p. v. m. d. s. t. fig.*

885. La nouvelle Cyropédie ou les Voyages de

Cyrus, par Ramsay. *St.-Malo*, 1786. 2 *vol. in*-12. *v. m.*

886. Dictionnaire Géographique portatif, par Vosgien. *Paris*, 1790. *in*-8°. *baz.*

887. Mémoires et Observations faites par un Voyageur en Angleterre. *La Haye*, 1698. *in*-12. *v. b.*

888. Souvenirs d'un Voyage en Angleterre. *Paris*, 1791. *in*-18. *v. f.*

889. Nouvelle Description des Curiosités de Paris, par Du Laure. *Paris*, 1786. 2 *vol. in*-12. *v. m.*

890. Londres, par Grosley. *Paris*, 1788. 4 *tom. en* 2 *vol. in*-12. *v. f.*

891. Londres et ses environs. *Paris*, 1790. 2 *vol. in*-12. *v. f.*

892. Lettres de Milady Worstley Montague, écrites pendant ses Voyages, et traduites de l'Anglais. *Paris*, 1764. 2 *tom. en un vol. in*-12. *v. f. d. s. t.*

Chronologie et Histoire universelle.

893. Lettres sur l'Histoire, par le Vicomte de Bolingbroke. 1752. 2 *vol. in*-8°. *v. b.*

794. Traité des Preuves de la vérité de l'Histoire, par le P. Griffet. *Liege*, 1770. *in*-12. *v. m.*

895. Essai sur les grands Évenemens par les petites Causes. *Paris*, 1758. *in*-12. *v. ec.*

896. L'Antiquité des tems rétablie et défendue, par Pezron. *Paris*, 1687 *et* 1691. 2 *vol. in*-4°. *v. m. et v. b.*

897. Le Monde, son Origine et son Antiquité. *Londres*, 1751. *in*-8°. *v. m.*

898. L'Art de vérifier les dates, par un Religieux Bénédictin. *Paris*, 1783. 3 *vol. in-fol. v. ec.*

899. Histoire Universelle de Diodore de Sicile, traduite en Français par Terrasson. *Amst.* 1743. 7 *tomes en* 5 *vol. in-12. v. f.*

900. Histoire Universelle de Justin, traduite par l'abbé Paul. *Paris*, 1788. 2 *vol. in-12. baz.*

901. Discours sur l'Histoire Universelle, par Bossuet. *Paris*, 1771. 2 *vol. in-12. v. ec. d. s. t.*

902. Discours sur l'Histoire Universelle, par Bossuet. *Paris, Didot aîné*, 1784. *in-4°. m. r.*

903. Histoire des Inaugurations des Rois, Empereurs, etc. *Paris*, 1776. *in-8°. baz.*

904. Introduction à l'Histoire de l'Univers, par Puffendorff. *Paris*, 1753. 8 *vol. in-4°. g. p. v. m.*

905. Histoire Universelle de Jacques-Auguste de Thou, traduite par Desfontaines. *Londres*, 1734. 16 *vol. in-4°. v. m.*

906. Histoire Universelle, par d'Aubigné. *Amst.* 1626. 3 *tom. en un vol. in-fol. baz.*

907. Politique de tous les Cabinets de l'Europe pendant les règnes de Louis XV et de Louis XVI. *Paris*, 1793. 2 *vol. in-8°. baz.*

Histoire Ecclésiastique.

908. Histoire générale et particulière des Religions. *Paris, Fournier*, 1791. *les 2 1res. livraisons*

livraisons gr. in-4°. pap. vel. fig. avant la lettre.

909. Sulpicii Severi Opera omnia. *Lugd. Batav. Elzevier.* 1643. *in-12. v. f.*

910. Abrégé de l'Histoire Ecclésiastique de Fleury. *Berne,* 1767. 2 *vol. in-12. v. ec.*

912. Discours sur l'Histoire Ecclésiastique, par Fleury. *Paris,* 1724. 2 *vol. in-12. v. m.*

913. Histoire du Concile de Trente, trad. de Fra Paolo, par le Courayer. *Amst.* 1736. 2 *vol. in-4°. v. b.*

914. Histoire des Papes, par Brueys. *La Haye,* 1732. 5 *vol. in 4°. vel.*

915. Les Crimes des Papes, par La Vicomterie. *Paris,* 1792. *in-8°. parch.*

916. L'Avocat du Diable, ou mémoires sur la Légende et la Vie de Grégoire VII. *St. Pourcin,* 1743. 4 *vol. in-12. v. f.*

917. Histoire de la Papesse Jeanne, tirée de la Dissertation Latine de Spanheim. *Cologne,* 1695. *in-12. v. m.*

918. Histoire des Démêlés de Boniface VIII avec Philippe Le-Bel, par Baillet. *Paris,* 1718. *in-12. v. f.*

919. La Vie du Pape Alexandre VI et de son fils César Borgia, trad. de l'Anglais de Gordon. *Amsterd.* 1732. 2 *vol. in-12. v. m.*

920. Vie du Pape Clément XIV. *Paris,* 1775. *in-12. v. f.*

921. Mascarades Monastiques et Religieuses de toutes les Nations du Globe, par Giacomo Carlo Rabelli. *Paris,* 1793. *in-8°. tom.* 1er. *br. fig. color.*

922. L'Alcoran des Cordeliers. *Amst.* 1734. 2 *vol. in*-12. *v. f. fig. de B. Picart.*

923. La Guerre Séraphique ou Histoire des périls qu'a conrus la barbe des Capucins, par les violentes attaques des Cordeliers. *La Haye*. 1740. *in*-12. *v. m.*

924. Histoire de Dom Inigo de Guipuscoa. *La Haye*, 1738. 2 *vol. in*-12. *v. f.*

925. La Vie de l'abbé de Rancé. *Paris*, 1702. 2 *vol. in*-12. *v. f. d. s. t.*

926. Description de l'Abbaye de La Trappe. *Paris*, 1671. *in*-12. *v. m. fig.*

927. Histoire de tous les Ordres militaires ou de Chevalerie. *Amst.* 1699. 2 *vol. in*-8°. *v. b. fig. de Schoonebeck*,

928. Histoire de Malthe, par l'abbé de Vertot. *Paris*, 1726. 4 *vol. in*-4°. *v. ec. d. s. t. avec les portraits.*

929. Histoire de Pierre d'Aubusson, Grand-Maître de Rhodes, par le P. Bouhours. *La Haye*, 1739. *in*-12. *v. b.*

930. Histoire des Flagellans, trad. du Latin de Boileau. *Amst.* 1701. *in*-12. *v. f.*

931. L'Histoire de la vie et mort de Jean Calvin, prise de Théodore de Beze. *Genève*. 1565. *in* 8°. *baz.*

932. Histoire du Fanatisme, par Brueys. *Amst.* 1737. 3 *vol. in*-12. *baz.*

933. Mémoires historiques pour servir à l'Histoire des Inquisitions, par Dupin. *Cologne*, 1716. 2 *tom. en un vol. in*-12. *v. f. fig.*

934. Mémoires de Gaudence de Luques, prisonnier de l'Inquisition. *Amst.* 1753. 2 *vol. in*-12. *v. m.*

935. Histoire du Christianisme des Indes, par La Croze. *La Haye*, 1724. *in*-12. *v. f.*

Histoire Ancienne.

936. Histoire ancienne des Egyptiens, des Carthaginois, des Assyriens, etc., par Rollin. *Paris*, 1740. 6 *vol. in*-4°. *v. m.*

937. Recherches et Dissertations sur Hérodote, par Bouhier. *Dijon*, 1746. *in*-4°. *v. m.*

938. L'Expédition de Cyrus et la retraite des Dix mille, trad. du Grec de Xenophon, par Larcher. *Paris*, 1778. 2 *vol. in*-12. *v. m.*

938 (*bis*). Recherches philosophiques sur les Grecs, par de Paw. *Paris*, 1788. 2 *vol. in*-8°. *v. porph.*

939. Quinti Curtii Rufi Historiarum libri. *Lugd. Bat. Elzevier.* 1633. *in*-12. *v. b.*

940. Histoire d'Alexandre le Grand, par Quinte Curce, trad. par Beauzée. *Paris*, 1789. 2 *vol. in*-12. *v. m.*

941. Les Antiquitez Romaines de Denys d'Halicarnasse, trad. du Grec, par le P. Le Jay. *Paris*, 1722. 2 *vol. in*-4°. *v. b.*

942. T. Livii Patavini Historiarum ab urbe condita tomi tres. *Amstelod. Elzevier.* 1634. 3 *vol. in*-12. *m. r.*

943. Histoire Romaine de Tite-Live, trad. en Français. *Paris*, 1770. 10 *vol. in*-12. *v. f.*

944. Velleius Paterculus cum notis Vossii. *Lugd. Bat. Elzevier.* 1639. *in*-12. *v. b.*

945. Abrégé de l'Histoire Grecque et Romaine, trad. du Latin de Velleius Paterculus, par

l'abbé Paul. *Paris*, *Barbou*, 1785. *in*-12. *v. m.*

946. Abrégé de l'Histoire Romaine, par Eutrope, Latin et Français. *Paris*, 1783. *in*-12. *v. m.*

947. Lucius Annæus Florus. *Lugd. Bat. Elzevier.* 1638. *in*-12. *vel.*

948. Abrégé de l'Histoire Romaine de Florus, traduit par l'abbé Paul. *Paris*, *Barbou*, 1774. *in*-12. *v. m.*

949. Caius Sallustius Crispus. *Lugd. Bat. Elzevier.* 1634. *in*-12. *m. r. edit. opt.*

950. Les Histoires de Salluste, traduites par Beauzée. *Paris*, *Barbou*, 1788. *in*-12. *baz.*

951. Discours Historiques et Politiques sur Salluste, traduits de l'Anglais de Gordon, 1759. 2 *vol. in*-12. *v. f.*

952. Histoire de la République Romaine, par Salluste, traduite et suppléée par De Brosses. *Dijon*, 1777. 3 *vol. in*-4°. *g. p. v. m.*

953. Caii Julii Cæsaris quæ extant. *Lugd. Batav. Elzevier.* 1635 *in*-12. *m. r.*

954. Les Commentaires de César, traduction nouvelle avec le Latin à côté. *Paris*, *Barbou*, 1755. 2 *vol. in*-12. *v. m.*

955. Histoire des Révolutions de la République Romaine, par de Vertot. *Paris*, 1719. 3 *vol. in*-12. *v. b.*

956. De Romana Republica Auctore Pet. Jos. Cantelio. *Ultrajecti*, 1696. *in*-12. *vel.*

957. La République Romaine ou plan de l'ancien Gouvernement de Rome, par Beaufort. *La Haye*, 1766. 2 *vol. in*-4°. *v. m. d. s. t.*

958. C. Suetonius Tranquillus. *Amstel.* 1635. *in*-24. *v. b.*

959. Caius Suetonius Tranquillus. *Parisiis*, 1644. 2 *vol. in-12. m. bl.*

960. Histoire des douze Césars de Suetone, traduite par Ophellot de la Pause. *Paris*, 1771. 4 *vol. in-8°. v. porph.*

961. Caius Cornelius Tacitus. *Lug. Bat. Elzevier*. 1640. 2 *tomes en un vol. in-12. vel. d. s. t.*

962. Henrici Savilii in Tacitum notæ. *Amst. Elzevier*. 1649. *in-12. vel.*

963. Tacite avec des notes politiques et historiques, par Amelot de la Houssaie. *Paris*, 16[illegible]0. 4 *vol. in-12. v. b.*

964. Tacite avec des notes politiques et historiques par Amelot de la Houssaye. *Amsterd.* 1731. 10 *vol. in-12. v. f. d. s. t.*

965. Traduction complette de Tacite, par Dotteville et La Bletterie. *Paris*, 1788. 7 *vol. in-12. baz.*

966. Tacite, nouvelle Traduction, par Dureau de la Malle. *Paris*, 1790. 3 *vol in-8°. v. b.*

967 Discours historiques, critiques et politiques sur Tacite, traduits de l'Anglais de Gordon. *Amst.* 1751. 3 *vol. in-12. v. f.*

968. Histoire d'Hérodien, traduite du Grec en Français par Mongault. *Paris*, 1745. *in-12. baz.*

969. Ammien Marcellin, traduit en Français. *Lyon*, 1778. 3 *vol. in-12. baz.*

970. Histoire des Empereurs Romains, par Crevier. *Paris*, 1750. 6 *vol. in-4°. v. m.*

971. Histoire des Révolutions de l'Empire Romain, par Linguet. *Paris*, 1766. 2 *vol. in-12. v. m.*

972. Vie de l'Empereur Julien, par La Bléterie. *Paris*, 1746. *in*-12. *v. m.*

973. Histoire de l'Empereur Jovien, par La Bleterie. *Paris*, 1748. 2 *vol. in*-12. *v. m.*

974. Histoire de l'Empereur Jovien, par La Bleterie. *Paris*, 1748. 2 *vol. in*-12. *v. m.*

Histoire Moderne.

Histoire d'Italie, d'Espagne et de Portugal.

975. Histoire des Guerres d'Italie, traduite de l'Italien de Guichardin. *Londres*, 1738. 3 *vol. in*-4°. *g. p. v. m.*

976. Istoria civile del Regno di Napoli di Pietro Giannone. *En Haia*, 1753. 5 *vol. in*-4°. *baz.*

977. Histoire du Royaume de Naples, traduite de l'Italien de Giannone. *La Haye*, 1742. 4 *vol. in*-4°. *vel.*

978. Histoire de Jeanne premiere, Reine de Naples. *Paris*, 1764. *in*-12. *v. m.*

979. Masaniello ou la Révolution de Naples, trad. de l'Allemand de Meissner. *Paris*, 1789. *in*-8°. *baz.*

980. Conjuration des Espagnols contre Venise en 1618, par l'abbé de St.-Réal. *Paris*, *Didot jeune*, 1788. *in*-18. *v. porph.*

981. Histoire des Révolutions de l'Isle de Corse. *La Haye*, 1738. *in*-12. *v. f.*

982. Etat moral, physique et politique de la Maison de Savoye. *Paris*, 1791. *in*-8°. *v. m.*

983. Mémoires des Gouvernemens d'Italie,

par Gorani. *Paris*, 1793. 3 *vol. in-8°. v. porph.*

984. Histoire d'Espagne, traduite de l'Espagnol de Ferreras, par d'Hermilly. *Paris*, 1751. 10 *vol. in-4°. v. m.*

985. Histoire politique et amoureuse du Cardinal Porto Carrero. *Amst.* 1756. *in-12. v. m.*

986. Vie politique de Marie-Louise de Parme, Reine d'Espagne, et ses intrigues amoureuses avec le Duc d'Alcudia. *Paris*, 1 93. *in-12. baz.*

987. . Mémoires du Marquis de Pombal, 1784. 4 *vol. in-12. baz.*

Histoire de France.

Histoire gènérale de France.

988. Histoire de France avant Clovis, par Mezeray. *Amsterd.* 1688. *in-12. v. b.*

989. Histoire de France avant Clovis, par Laureau. *Paris*, 1786. *in-12. parch. verd.*

990. L'Histoire des Français, traduite de St.-Grégoire de Tours, par Marolles. *Paris*, 1668, *in-8°. v. porph.*

991. Histoire critique de l'Etablissement de la Monarchie Française dans les Gaules, par Du Bos. *Paris*, 1742. 2 *vol. in-4°. baz.*

992. Histoire de France, par Mezeray. *Paris, Guillemot*, 1643. 3 *vol. in-fol. parch.*

993. Histoire de France, par le P. Daniel. *Paris*, 1755. 17 *vol. in-4°. v. f.*

994. Nouvel Abrégé chronologique de l'Histoire de France, par le Président Hesnault.

Paris, 1768. 2 *tomes en un vol. in-4°. g. p. v. m.*

995. Nouvel Abrégé chronologique de l'Histoire de France, par le P. Hesnault. *Rouen*, 1789. 5 *tom. en* 2 *vol. in* 8°. *vel.*

996. Les Crimes des Rois de France, par La Vicomterie. *Paris*, 1791. *in-8°. v. f.*

997. Les Crimes des Reines de France, publiés par Prudhomme. *Paris*, 1791. *in-8°. v. f.*

Histoire de France sous les règnes particuliers jusqu'à Louis XIV.

998. Histoire des neuf Roys Charles de France, par Belleforest. *Paris*, 1568 *in-fol. v. f.*

999. Anecdotes de la Cour de Philippe Auguste, par Mlle. de Lussan. *Paris*, 1782. 3 *vol. in*-12. *v. f.*

1000. Histoire de St.-Louis, par Joinville. *Paris*, 1761. *in-fol. v. m.*

1001. Histoire de Bertrand Du Guesclin. *Paris*, 1666. *in-fol. v. ec.*

1092. Les Chroniques d'Enguerran de Monstrelet. *Paris*, 1603. *in-fol. v. b.*

1003. Les Chroniques de Jehan Froissart. *Lyon*, *De Tournes*, 1559. *in-fol. v. m.*

1004. Histoire de Louis XI, par Duclos. *Paris*, 1745. 4 *vol. in*-12. *v. m.*

1005. Les Mémoires de Comines. *Leyde. Elzevier.* 1648. *in*-12. *v. f. d. s. t.*

1006. Mémoires de Philippe de Comines. *Paris*, 1649. *in-fol. vel.*

1007. Mémoires de Comines. *Edit. donnée par*

Lenglet

Lenglet du Fresnoy. *Paris*, 1747. 4 *vol. in-4°. v. f.*

1008. Lettres de Louis XII et du Cardinal d'Amboise. *Bruxelles*, 1712. 4 *vol. in-12. v. f.*

1009. Histoire secrette du Connestable de Bourbon. *Paris*, 1706. *in-12. v. m.*

1010. Histoire du Procès du Chancelier Poyet. *Londres*, 1776. *in-8°. v. ec.*

1011. Commentaires de Blaise de Montluc. *Paris*, 1746. 4 *vol. in-12. v. m.*

1012. Mémoires du Maréchal de Vieilleville, par Vincent Carloix, *Paris*, 1757. 5 *vol. in-8°. v. b.*

1013. Mémoires de la Reyne Marguerite. *Hollande*, 1658. *in-12. vel.*

1014. Mémoires de Castelnau, par le Laboureur. *Bruxelles*. 1731. 3 *vol. in-fol. g. p. v. m.*

1015. Mémoires du Maréchal de Tavannes. *in-fol. vel.*

1016. Histoire de Charles IX, par Varillas. *Cologne*, 1686. 2 *vol. in-12. vel.*

1017. Mémoires de Condé. *Edition donnée par l'abbé Lenglet, Paris*, 1743. 6 *vol. in-4°. v. m. portraits.*

1018. La Vie de Gaspard de Coligny, Admiral de France. *Leyde, Elzevier*. 1643. *in-12. cuir de Russie.*

1019 Recueil des Choses mémorables advenues en France depuis Henry II jusqu'à Henry III. 1595. *in-8°. v. f.*

1020. Histoire des Guerres civiles de France, trad. de l'Italien de Davila *Amst.* 1757. 3 *vol. in-4°. g. p. v. m.*

1021. Discours merveilleux de la vie, actions et déportemens de Catherine de Médicis. *La Haye*, 1660. *in*-12. *v. porph.*

1022. Mémoires de la Ligue. *Amst.* 1758. 6 *vol. in*-4°. *v. m.*

1023. Satyre Ménippée de la vertu du Catholicon d'Espagne. *Ratisbonne* (*Amst. Elzevier.*) 1664. *in*-12. *vel.*

1024. Satyre Ménippée de la vertu du Catholicon d'Espagne. *Ratisbonne*, 1709. 3 *vol. in* 8°. *v. b.*

1025. Mémoires pour servir à l'Histoire de France depuis 1515 jusqu'en 1611. *Cologne.* 1719. 2 *vol. in*-8°. *v. b.*

1026. Journal de Henry III, Roy de France, par l'Etoille. *Paris*, 1744. 5 *vol. in*-8°. *v. f.*

1027. Histoire des derniers troubles de France sous Henry III et Henry IV. 1613. *in*-8°. *m. r.*

1228. Recueil de Pieces pour servir à l'Histoire d'Henri III. *Cologne*, 1662 *in*-12. *v. porph.*

1029. Recueil de Pieces curieuses pour servir à l'Histoire. *Cologne*, 1666. *in*-12. *m. r.*

1030. Recueil de Pieces servant à l'Histoire Moderne. *Cologne*, 1663. *in*-12. *v. f.*

1051. L'esprit de la Ligue, par Anquetil. *Paris*, 1771. 3 *vol. in*-12. *v. m.*

1032. Journal du Regne de Henry IV par l'Etoille. *La Haye*, 1741. 4 *vol. in*-8°. *v. f.*

1033. Histoire du Roy Henry le grand, par Péréfixe. *Amst. Elzevier.* 1664. *in*-12. *cuir de Russie.*

1034. Histoire de la Vie d'Henry IV, Roy de France, par Bury. *Paris*, 1767. 4 *vol. in*-12. *baz.*

1035. Henri IV peint par lui-même. *Paris*, *Didot jeune*, 1787. *in*-8°. *v. m.*

1035 (*bis*). Mémoires de Sully. *Amst.* 1725. 12 *vol. in*-12. *v. b.*

1036. Mémoires de Sully. *Edition donnée par l'abbé de L'Ecluse. Londres*, 1745. 3 *vol. in*-4°. *v. m. portraits.*

1037. Mémoires particuliers pour servir à l'Histoire de France sous Henry III, Henry IV et Louis XIII. *Paris*, 1756. 3 *tomes en* 2 *vol. in*-12. *v. m.*

1038. L'intrigue du Cabinet sous Henri IV et Louis XIII, par Anquetil. *Paris*, 1780. 4 *vol. in*-12. *v. m.*

1039. Histoire de Louis XIII, par Michel Le Vasser. *Amsterdam*, 1757. 7 *vol. in*-4°. *v. m.*

1040. Histoire de la Mere et du Fils, c'est-à-dire, de Marie de Médicis et de Louis XIII, par Mezeray. *Amsterd.* 1731. 2 *vol. in*-12. *baz.*

1041. Mémoires de Pont-Chartrain sous la Régence de Marie de Médicis. *Amst.* 1720. 2 *vol. in*-12. *v. b.*

1042. Mémoires de Nevers. *Paris*, 1665. 2 *vol. in-fol. v. f.*

1043. Mémoires d'Estat, par Villeroy. *Amst.* 1725. 7 *vol. in*-12. *v. b.*

1044. Vie du Maréchal de Fabert, par le P. Barre. *Paris*, 1752. 2 *vol. in*-12. *v. m.*

1045. Recueil de Pieces concernant le Connetable de Luynes. 1625. *in*-8°. *v. f.*

1046. Journal du Cardinal de Richelieu. 1648. *in-12. vel.*

1047. Vie du Cardinal de Richelieu, par Le Clerc. *Amst.* 2 *vol. in-12. v. b.*

1048. Mémoires et Ambassades de Bassompierre. *Amst.* 1665 *et* 1668. 4 *vol. in-12. v. f. d. s. t.*

1049. Mémoires du Duc de Rohan. *Amst.* 1646. *in-12. v. f.*

1050. Histoire de la vie du Duc d'Espernon, par Girard. *Paris*, 1730. *in-4°. v. b.*

1051. Mémoires de Bordeaux. *Amst.* 1758. 4 *vol. in-12. v. m.*

1052. Mémoires de Montresor, *Cologne*, 1663. 2 *vol. in-12. v. b.*

Histoire de France sous le Regne de Louis XIV.

1053. Histoire de Louis XIV, par Pelisson, *Paris*, 1749. 3 *vol. in-12. v. m.*

1054. Mémoires pour servir à l'Histoire de Louis XIV, par l'abbé de Choisy. *Utrecht*, 1747. *in-12. v. f.*

1055. Histoire de Louis XIV, par Reboulet. *Avignon.*, 1774. 3 *vol. in-4°. v. f.*

1056. Nouveau Siecle de Louis XIV ou Poésies Anecdotes du Regne et de la Cour de ce Prince. *Paris*, 1793. 4 *vol. in-8°. baz.*

1057. Mémoires du Maréchal de Grammont. *Paris.* 1761. 2 *vol. in-12. v. f. d. s. t.*

1058. Mémoires de Pontis sous Henry IV, Louis XIII et Louis XIV. *Amst.* 1749. 2 *vol. in-12. baz.*

1059. Mémoires pour servir à l'Histoire d'Anne d'Autriche par M$^{me.}$ de Motteville. *Amst.* 1739. 6 *vol. in*-12. *v. f.*

1060. Mémoires du Comte de Brienne *Amst.* 1719. 3 *vol. in*-12. *v. m.*

1061. Mémoire de Lenet. 1729. 2 *vol. in*-12. *v. m.*

1062. Mémoires de la Rochefoucault. *Cologne*, 1664. *in*-12. *v. porph*

1063. Mémoires de De La Porte. *Genève*, 1755. *in*-12. *v. m.*

1064. L'Esprit de la Fronde. *Paris*, 1772. 5 *vol. in*-12. *v. m.*

1065. Mémoires de Retz, Joly et Nemours. *Amst.* 1731 et 1738. 7 *vol. in*-12. *v. f.*

1066. Mémoires de Mlle de Montpensier. *Mastrickt*, 1776. 8 *vol. in*-12. *v. m.*

1067. La vie de Madame de Longueville. *Amst.* 1739. *in*-12. *v. b.*

1068. Mémoires du Duc de Guise. *Amsterd.* 1705. *in*-8°. *vel.*

1069. Histoire des Guerres et des Négociations qui précédèrent le Traité de Westphalie, par le P. Bougeant. *Paris*, 1744. 3 *vol. in*-4°. *v. m.*

1070. Mémoires de Gourville depuis 1642 jusqu'en 1698. *Paris*, 1782. 2 *vol. in*-12. *v. m.*

1071. Mémoires de Rochefort. *La Haye*, 1710. *in*-12. *v. f.*

1073. Mémoires de Michel de Marolles. *Amst.* 1755. 3 *vol. in*-12. *v. m.*

1073. Histoire d'Henriette d'Angleterre

Mme de La Fayette. *Amsterd.* 1742. *in*-12. *v. m.*

1074. Vie du Marquis de Duquesne, par Richer. *Paris*, 1783. *in*-12. *v. ec. d. s. t.*

1075. Mémoires de M. de Lyonne au Roy. *Amst. in*-12. *v. f.*

1076. Traité de la Politique de la France. *Cologne*, 1669. *in*-12. *v. m.*

1077. Relation des violences exercées au Palatinat en 1673. — La Saulce au verjus, et autres Pieces. *Cologne*, 1675. *in*-12. *v. b.*

1078. Mémoires pour la vie du Marquis de Louvois. *Amsterd.* 1740. *in*-12. *v. m.*

1079. Histoire du Vicomte de Turenne, par Ramsay. *Paris*, 1735. 2 *vol. in*-4°. *g. p. v. b.*

1080. La Vie du Grand Condé. *Cologne*, 1694. *in*-12. *v. f.*

1081. Mémoires de St.-Hilaire. *Amst.* 1766. 4 *vol. in*-12 *v. m.*

1082. Mémoire de Roger de Rabutin, Comte de Bussy. *Paris*, 1696. 2 *vol. in*-4°. *v. f.*

1083. Mémoires d'Anne de Gonzague, Princesse Palatine. *Paris*, 1789. *in*-8°. *v. f.*

1084. Réflexions sur le portrait du Roy, par Maréchal. *Paris*, 1682. *in*-12. *v. b.*

1084 (*bis*). La Vie du Duc de Montausier. *Paris*, 1729. *in*-12. *v. b.*

1085. Annales de la Cour et de Paris. *Cologne*, 1701. 2 *tomes en un vol. in*-12. *v. m.*

1086. Les Soupirs de la France esclave. *Amst.* 1690. *in*-4°. *v. m. complet.*

1087. Les Vœux d'un Patriote. *Paris*, 1788. *in*-8°. *v. f.*

1088. Les Galanteries de M. le Dauphin et de la Comtesse du Roure. *Cologne*, 1696. *in*-12. *cart.*

1089. Mémoires de La Fare. *Amsterd.* 1740. *in*-12. *v. b.*

1090. Mémoires pour servir à la vie du Maréchal de Catinat. *Paris*, 1775. *in*-12. *v. f.*

1091. Mémoires du Comte de Chavagnac. *Amst.* 1701. *in*-12. *v. b.*

1092. Mémoires d'Artagnan. *Cologne*, 1701. 3 *vol. in*-12. *v. f.*

1093. Mémoires du Marquis de Monglat *Amst.* 1728. 4 *vol. in*-12. *v. b.*

1094. Mémoires de l'abbé de Montgon, 1750. 8 *vol. in*-12. *v. ec. d. s. t.*

1095. OEuvres complettes du Duc de St.-Simon. *Strasbourg*, 1791. 13 *tom. en* 7 *vol. in*-8°. *v. f.*

1096. Lettres et Mémoires de Maintenon. *Amsterd.* 1756. 15 *tom. en* 6 *vol. in*-12. *v. m.*

1097. Vie de Mme. de Maintenon. *Nancy*, 1753. *in*-12. *v. b.*

1098. Mémoires de Noailles, par l'abbé Millot. *Paris*, 1777. 6 *vol. in*-12. *v. f.*

1099. Mémoires de l'abbé Arnauld. *Amsterd.* 1756. 3 *vol. in*-12. *baz.*

1100. Histoire des Troubles des Cévennes ou de la guerre des Camisards. *Ville-Franche*, 1760. 3 *vol. in*-12. *v. f.*

1101. Vie du Maréchal de Villars, par Anquetil. *Paris*, 1785. 4 *vol. in*-12. *baz.*

1102. Mémoires du Maréchal de Berwick. *Paris*, 1780. 2 *vol. in*-12. *v. f.*

1103. Louis XIV, sa Cour et le Régent. *Paris*, 1789. 4 *vol. in*-12. *v. f.*

Histoire de France sous les règnes de Louis XV et de Louis XVI.

1104. Vie privée de Louis XV. *Londres*, 1788. 4 *vol. in*-12. *baz.*

1105. Mémoires de la Régence du duc d'Orléans. *La Haye*, 1729. 3 *vol. in*-12. *vel.*

1106. Mémoires de la Minorité de Louis XV, par Massillon. *Paris*, 1792. *in*-8°. *baz.*

1107. Mémoires de Mme. de Staal. *Londres*, 1755. 2 *vol. in*-12. *m. r.*

1108. Mémoires de Forbin. *Amsterd.* 1740. 2 *vol. in*-12. *baz.*

1109. Mémoires de Du Guay Trouin. *Amst.* 1748. *in*-12. *v. m.*

1110. Relation de la Campagne de Mastricht en 1748. *Nancy*, *in*-12. *m. r.*

1111. Les Souvenirs de Mme. de Caylus. *Amst.* 1770. *in*-8°. *v. ec.*

1112. Mémoires du Comte de Maurepas. *Paris*, 1782. 2 *vol. in*-8°. *parch. verd.*

1113. Mémoires du Maréchal de Richelieu. *Paris*. 1793. 9 *vol. in*-8°. *v. m.*

1114. Histoire de Robert-François Damiens. *Amst.* 1757. *in*-12. *v. m.*

1115. Vie du Maréchal de Bellisle. *La Haye*, 1762. *in*-12. *v. m.*

1116. Lettres, Mémoires et Négociations du Chevalier d'Eon. *Londres*, 1764. *in*.8°. *v. b. d. s. t.*

1117. Mémoires du Duc de Choiseuil. *Paris*, 1790. *in*-8°. *v. f.*

1118. Mémoires du Ministère du Duc d'Aiguillon. *Paris*. 1792. *in*-8°. *baz*.

1119. Journal historique de la Révolution Maupeou. *Londres*, 1774. 7 *vol. in*-8°. *v. f.*

1120. Mémoires du Ministère de l'abbé Terray. *Londres*, 1776. *in*-12. *baz*.

1121. Galerie de l'ancienne Cour. *Paris*, 1786. 3 *vol. in*-12. *v. ec.*

1122. L'Espion Devalisé. *Londres*, 1782. *in*-8°. *baz.*

1123. L'Espion Anglais, *Londres*, 1784. 10 *vol. in*-12. *baz.*

1124. Vie de Jeanne de St.-Remy de Valois, Comtesse de la Motte. *Paris*, 1793. 2 *vol. in*-8°. *v. porph.*

1125. Mémoires justificatifs de la Comtesse de la Motte, 1789. *in*-12. *v. f.*

1126. Mélanges de Pièces sur la Révolution de France. 14 *vol. in*-8°. *v. f.*

1127. Précis historique de la Révolution Française, par Rabaut. *Paris*, 1792. *in*-18. *pap. vel. v. f. d. s. t. fig.*

1128. Fastes de la République Française. *Paris*, 1793. *in*-18. *v. f. d. s. t. fig.*

1129. Collection complette des travaux de Mirabeau l'aîné à l'Assemblée Nationale, par Mejan et autres OEuvres de Mirabeau. *Paris*, 1791. 6 *vol. in*-8°. *v. f.*

1130. Correspondance Politique des véritables Amis de la Patrie, *in*-4°. *v. m.*

1131. Journal des Etats-Généraux, par Lehodey. *Les* 6 *premiers vol. et les tomes* 21-35. 21 *vol. in*-8°. *v. f.*

1132. Révolutions de Paris, par Prudhomme.

17 *vol. in-8°. v. f. contenant depuis l'origine jusqu'au n°.* 209 *et* 11 *cahiers brochés.*

1133. Révolutions de Brabant, par Camille Desmoulins, depuis l'origine jusqu'au n°. 97. 5 *vol. in-8°. v. b.*

1134. Etat nominatif des pensions sur le Trésor Royal. *Paris*, 1789. 5 *vol. in-8°. v. f.*

1135. Mon Agonie de trente-huit heures, par St.-Meard. *Paris*, 1793. *in-8°. baz.*

1136. Le Pour et le Contre ou Recueil complet des opinions prononcées dans le Procès de Louis XVI. *Paris*, 1793. 7 *vol. in-8°. baz.*

1137. Procès de Marie Antoinette, Reine de France. *Paris*, 1794. *in-8°. baz.*

1138. Procès de Brissot et complices. *Paris*, 1794. *in-8°. baz.*

Histoire des Provinces et des Villes, Mélanges d'Histoire de France.

1149. Histoire de Bretagne, par Dom Lobineau. *Paris*, 1707. 2 *vol. in-fol. v. b.*

1140. Tableau de Paris, par Mercier. *Amst.* 1783, 10 *tom. en* 5 *vol. in-12. v. f.*

1141. Les OEuvres de Claude Fauchet. *Paris*, 1610. *in-4°. v. f. d. s. s.*

1142. Les OEuvres d'Estienne Pasquier. *Amst.* 1723. 2 *vol. in-fol. g. p. v. m.*

1143. Mémoires sur divers points de l'Histoire de France, par Mézeray. *Amst.* 1732. *in-12. v. b.*

1144. Recueil de Pièces curieuses sur l'Histoire de France. *Delft*, 1717. 2 *vol. in-12. v. b.*

1145. Curiosités historiques ou Recueil de pièces sur l'Histoire de France. *Amst.* 1759. 2 *vol. in*-12. *v. m.*

1146. Mélanges historiques et critiques sur l'Histoire de France. *Paris*, 1768. 2 *vol. in*-12. *v. m.*

1147. Etat de la France, par Boulainvilliers. *Londres*, 1727. 3 *vol. in-fol. v. m.*

1148. Histoire de la Pairie de France, par Boulainvilliers. *Amst.* 1740. *in*-12. *v. ec.*

1149. Histoire de la Milice Française, par le P. Daniel. *Paris*, 1721. 2 *vol. in*-4°. *g. p. v. b.*

1150. Histoire généalogique de la Maison de France, par le P. Anselme. *Paris*, 1726. 9 *vol. in-fol. v. m.*

1151. Armorial de France, par Du Buisson. *Paris*, 1757. 2 *vol. in*-12. *v. b.*

1152. Mémoires sur l'Ancienne Chevalerie, par La Curne de Ste.-Palaye. *Paris*, 1759. 2 *vol. in*-12. *v. m.*

1153. Mémoires sur la Bastille, par Linguet. *Londres*, 1783. *in*-8°. *baz.*

1154. Des Lettres de Cachet et des Prisons d'Etat, par Mirabeau. *Hambourg*, 1782. *in*-8°. *baz.*

1155. La Bastille dévoilée. *Paris*, 1789. 3 *vol. in*-8°. *v. f.*

1156. Le Despotisme dévoilé ou Mémoires de Latude. *Paris*, 1790. *in*-12. *v. b.*

1157. La Police de Paris, dévoilée par Pierre Manuel. *Paris*, 1790. 2 *vol. in*-8°. *v. f.*

Histoire de la Grande-Bretagne.

1158. Lettres Philosophiques sur l'Histoire d'Angleterre, traduites par Brissot de Varville. *Paris*, 1790. 2 *vol. in-8°. v. porph.*

1159. Histoire d'Angleterre, par Rapin de Thoyras. *La Haye*, 1749. 16 *vol. in-4°. v. m.*

1160. Histoire des Révolutions d'Angleterre, par le P. d'Orleans. *La Haye*, 1729. *in-4°. v. f.*

1161. Les Fastes de la Grande-Bretagne. *Paris*, 1769. 2 *vol. in-8°. v. m.*

1162. Chronique des Rois d'Angleterre, par Nathan-Ben-Sadi. *Londres*, 1750. *in-12. v. m.*

1163. Histoire de Marguerite d'Anjou, Reine d'Angleterre, par l'abbé Prevost. *Amst.* 1741. 2 *vol. in-12. baz.*

1164. Histoire du Divorce d'Henri VIII, Roy d'Angleterre. *Amst.* 1773. *in-12. v. m.*

1165. Histoire de Marie Stuart, Reine d'Ecosse et de France. *Londres*, 1742. 2 *vol. in-12. v. b.*

1166. La Vie, les Amours, le Procès et la Mort de Marie Stuart. *Paris*, 1793. *in-8°. parch. verd.*

1167. Histoire d'Angleterre, depuis l'avenement de Jacques I jusqu'à la Révolution, trad. de l'Anglais de Catherine Macaulay Graham, par Mirabeau. *Paris*, 1791. 5 *vol. in-8°. v. porph.*

1168. Histoire de la Rébellion et des Guerres civiles d'Angleterre, trad. de l'Anglais de

Clarendon. *La Haye*, 1704. 6 *vol. in*-12. *vel*.

1169. Mémoires de James Graham, Marquis de Montrose. *Paris*, 1767. *in*-12. *v. m.*

1170. Procès de Guillaume, Vicomte de Stafford. *Cologne*, 1681. *in*-12. *vel.*

1171. Histoire du Procès de Charles Stuart, Roy d'Angleterre. *Londres*, 1650. *in*-12. *v. b.*

1172. Histoire du Procès de Charles Ier., Roi d'Angleterre. *Paris*, 1793. *in*-8°. *parch. verd*.

1173. L'Angleterre instruisant la France ou Tableau des Règnes de Charles Ier. et de Charles II. *Paris*, 1793. *in*-8°. *peau de truie*.

1174. Histoire d'Angleterre, trad. de l'Anglais de Burnet. *La Haye*, 1735. 2 *vol. in*-4°. *g. p. v. m. portraits.*

1175. Mémoires secrets de Milord Bolingbroke. *Londres*, 1754. *in*-8°. *v. f. d. s. t.*

1176. Histoire d'Ecosse, trad. de l'Anglais de Robertson. *Paris*, 1785. 3 *vol. in*-12. *baz.*

Histoire d'Allemagme, des Pays-Bas et des Etats du Nord.

1177. Nouvel Abrégé Chronologique de l'Histoire et du Droit public d'Allemagne, par Pfeffel. *Paris*, 1776. 2 *vol. in*-4°. *v. ec.*

1178. Histoire de Charles-Quint, trad. de l'Anglais de Robertson. *Paris*, 1771. 2 *vol. in*-4°. *v. m.*

1179. Histoire du Prince Charles et de l'Impératrice Douairiere. *Cologne*, 1676. *in*-12. *v. m.*

1180. Mémoires du Marquis de Guiscard. *Delft.* 1705. *in*-12. *baz.*

1181. Vie de Fréderic II, Roi de Prusse. *Strasbourg*, 1788. 7 *tom. en* 5 *vol. in*-8°. *baz.*

1182. Histoire secrette de la Cour de Berlin, par Mirabeau. *Paris*, 1789. 2 *vol. in*-8°. *v. porph.*

1183. Histoire de la Guerre de Flandre, traduite du Latin de Strada, par Du Ryer. *Paris*, 1651. 2 *vol. in-fol. v. f.*

1184. Mémoires de Jean de Wit, Grand Pensionnaire de Hollande. *Ratisbonne*, 1709. *in*-12. *v. b.*

1185. Advis fidèle aux véritables Hollandais, touchant les cruautés exercées par les Français, 1673. *in*-4°. *v. m. fig.*

1186. Histoire des Révolutions de Suede, par Vertot. *Paris*, 1751. 2 *vol. in*-12. *v. m.*

1187. Histoire Militaire de Charles XII, par Adlerfeld. *Paris*, 1741. 3 *vol. in*-12. *baz. fig.*

1188. Mémoires du Duc de Wirtemberg sur Charles XII, Roi de Suede. *Amsterd.* 1740. *in*-12. *v. m.*

1189. Histoire des Révolutions de Pologne, par l'abbé Desfontaines. *Amst.* 1735. 2 *tom. en un vol. in*-12. *v. m.*

Histoire de l'Asie, de l'Afrique et de l'Amérique.

1190. La Vie de Mahomet, par Boulainvilliers. *Londres*, 1730. *in*-8°. *g. p. v. b.*

1191. La Vie de Mahomet, traduite et compilée de l'Alcoran, par Gagnier. *Amsterd.* 1732. 2 *vol. in*-12. *v. m. fig.*

1192. Histoire de Saladin Sultan d'Egypte, par Marin. *Paris*, 1758. 2 *vol. in*-12. *baz.*

1193. Mémoires du Baron de Tott sur les Turcs. *Amsterd.* 1784. 4 *vol. in*-8°. *v. m.*

1194. Etat actuel de l'Empire Ottoman, par Elias Abesci, trad. de l'Anglais par Fontanelle. *Paris*, 1792. *in*-8°. *v. porph.*

1195. Histoire Philosophique et Politique du Commerce et des Etablissemens des Européens dans les deux Indes, par Raynal. *Geneve*, 1780. 5 *vol. in*-4°. *v. f. d. s. t.*

1196. Recherches Philosophisues sur les Egyptiens et les Chinois, par de Paw. *Berlin*, 1773. 2 *vol. in*-8°. *v. f.*

1197. Vie de Barberousse. *Paris*, 1781. *in*-12. *v. b.*

1198. Recherches sur les Américains, par de Paw. *Berlin*, 1771. 3 *vol. in*-8°. *v. m.*

1199. Histoire de l'Amérique, traduite de l'Anglais de Robertson. *Paris*, 1778. 2 *vol. in*-4°. *v. porph.*

1200. Histoire des Yncas, Rois du Pérou, traduite de l'Espagnol, de Garcilasso de la Vega. *Amst.* 1737. 2 *vol. in*-4°. *v. f. fig. de B. Picart.*

1201. Histoire de la conquête du Pérou, traduite de l'Espagnol d'Augustin de Zarate. *Amst.* 1700. 2 *vol. in*-12. *v. b.*

1202. Histoire des Pirates Anglais, établis dans l'Isle de la Providence, par Johnson. *Utrecht*, 1727. *in*-12. *v. m.*

Histoire Littéraire.

Histoire des Universités, Académies, Journaux, etc.

1203. Querelles Littéraires. *Paris*, 1761. 4 *vol. in*-12. *v. b.*

1204. Histoire des Troubles et des Démêlés Littéraires. *Paris*, 1786. *in*-8°. *baz.*

1205. Histoire de l'Académie Française, par Pelisson. (*Holl.*) 1671. *in*-12. *vel.*

1206. Histoire de l'Académie Française, par Pelisson et d'Olivet. *Paris*, 1729. 3 *vol. in*-4°. *v. porph.*

1207. Histoire de l'Académie des Inscriptions avec les Eloges des Académiciens. *Paris*, 1740. 5 *vol. in*-8°. *v. ec.*

1208. Choix des Mémoires et Abrégé de l'Histoire de l'Académie de Berlin. *Berlin*, 1761. 4 *vol. in*-12. *v. b.*

1209. Les trois Siecles de la Littérature Française, par Sabatier. *Paris*, 1774. 5 *vol. in*-12. *v. m.*

1210. Histoire critique des Journaux, par Camusat. *Amst.* 1734. *in*-12. *v. f.*

1211. Les cinq Années Littéraires, par Clément, *La Haye*, 1754. 4 *vol. in*-12. *baz.*

1212. Observations sur les Ecrits modernes. *Paris*, 1736. 19 *vol. in*-12. *v. b.*

1213. Lettres sur quelques Ecrits de ce Tems. *Geneve*, 1749. 12 *vol. in*-12. *v. m.*

1214. Année Littéraire par Fréron, années 1754—1763, et l'année 1766. 86 *vol. in*-12. *v. m.*

1215. Choix des Mémoires secrets. *Londres*, 1788. 2 *vol. in*-12. *baz.*

Bibliographes généraux et particuliers, Catalogues de Bibliotheques.

1216. Bibliotheques Françaises de La Croix du Maine et de Du Verdier. *Edition donnée par Rigoley de Juvigny. Paris*, 1773. 6 *vol. in*-4°. *v. m.*

1217. Jugemens des Savans, par Baillet. *Paris*, 1722. 8 *vol. in*-4°. *g. p. v. m.*

1218 Le Parnasse Français, par Titon du Tillet. *Paris*, 1732. *in fol. v. m. d. s. t. fig.*

1219. Bibliotheque Française, par l'abbé Goujet. *Paris*, 1740. 18 *vol. in*-12. *v. b.*

1220. Dictionnaire Typographique historique et critique des Livres rares, par Osmont. *Paris*, 1768. 2 *tom. en un vol. in*-8°. *parch. verd.*

1221. Bibliographie Instructive ou Traité de la connoissance des Livres rares, par G. F. De Bure. *Paris*, 1763. 7 *vol. in* 8°. *v. f.*

1222 Supplément à la Bibliographie instructive ou Catalogue des Livres de Gaignat. *Paris, De Bure*, 1769. 2 *vol. in*-8°. *v. f.*

1223. Dictionnaire Bibliographique historique et critique. *Paris, Cailleau*, 1799. 3 *vol. in*-8°. *baz.*

1224. Conseils pour former une Bibliotheque, par Formey. *Berlin*, 1756. *in*-12. *v. m.*

1225. Tableau historique de la Bibliotheque du Roi. *Paris*, 1782. *in*-12. *baz.*

1226. Catalogue des Livres de Mme de Verrue. *Paris, Martin*, 1737. *in*-8°. *v. m. avec les prix.*

1227. Catalogus Librorum Comitis de Hoym. *Parisiis*, 1738. *in-8°. baz. avec les prix.*

1228. Catalogue des Livres de la Bibliotheque du chevalier de Charost. *Paris*, *Barois*, 1742. *in-8°. v. m. avec les prix.*

1229. Catalogue des Livres de la Bibliotheque de M. Turgot. *Paris*, *Piget*, 1744. *in-8°. v. m. avec les prix.*

1230. Catalogue des Livres de l'abbé de Rothelin. *Paris*, *Martin*, 1746. *in-8°. v. avec les prix.*

1231. Catalogue des Livres de Crozat de Tugny. *Paris*, *Thiboust*, 1751. *in-8°. v. f. avec les prix.*

1232. Catalogue des livres de Géraud de Moucy. *Paris*, *Barois*, 1753. *in-8°. v. m. avec les prix.*

1233. Catalogues des Livres du Cabinet de M. de Boze. *Paris*, 1753. 3 *vol. in-8°. vel. avec les prix.*

1234. Catalogue des Livres du Chevalier Perrin. *Paris*, *Damonneville*, 1754. *in-8°. v. m. avec les prix.*

1235. Catalogue des Livres et Estampes de M. de La Haye, par G. Martin. *Paris*, 1754. *in-8°. v. m. avec les prix.*

1236. Catalogue des Livres du Cabinet de M. Girardot de Préfont. *Paris*, *De Bure*, 1757. *in-8°. cart. avec les prix.*

1237. Catalogue des Livres de la Bibliothèque de l'abbé Favier. *Lille*, 1765, 2 *vol. in-8°. v. f. avec les prix.*

1238. Bibliotheca Senicurtiana. *Parisiis*, *Musier*, 1766. *in-8°. v. m. avec les prix.*

1239. Catalogue des Livres et Estampes de

M. L.... *Paris*, *Le Clerc*, 1773. *in*-8°. *cart. avec les prix*.

1240. Catalogue des Livres de la Bibliothèque de M. Delaleu. *Paris*, *Nyon*, 1775. *in*-8°. *v. m. avec les prix*.

1241. Catalogue des Livres de Randon de Boisset. *Paris*, *De Bure*, 1777. *in*-12. *v. m. avec les prix.*

1242. Catalogue des Livres de la Bibliotheque de M. de Courtanvaux. *Paris*, *Nyon*, 1782. *in*-8°. *v. m. avec les prix.*

1243. Catalogues des Livres de la Bibliothèque du Duc d'Aumont. *Paris*, *De Bure*, 1782. *in* 8°. *cart. avec les prix.*

1244. Catalogue des Livres de la Bibliothèque du Duc de la Valliere. *Paris*, *De Bure*, 1783. 3 *vol. in*-8°. *v. f.*

1245. Catalogue des Livres de la Bibliothèque de M. d'Aguesseau. *Paris*, 1785. *in*-8°. *v. m. avec les prix.*

1246. Catalogue des Livres de la Bibliothèque de Mirabeau. *Paris*, 1791. *in*-8°. *v. f. avec les prix.*

1247. Catalogue des Livres de la Bibliothèque de Lamoignon. *Paris*, *Merigot jeune*, 1791. 3 *vol. in*-8°. *parch.*

1248. Catalogue des Livres de la Bibliothèque de Mme. de Montesquiou. *Paris*, *Le Clerc*, 1793. *in*-8°. *v. porph. avec les prix.*

1249. Catalogue des Livres curieux du Citoyen M... *Paris*, *Prault*, 1793. *in*-8°. *parch. avec les prix.*

Vies des Personnes illustres.

1250. Les OEuvres de Plutarque, traduites du Grec par Amyot. *Paris, Cussac,* 1783 *et suiv.* 22 *vol. in*-8°. *v. porp. dent. d. s. t. fig.*

1251. Les Vies des Hommes Illustres de Plutarque, traduites par Dacier. *Paris*, 1721. 9 *vol. in*-4°. *g. p. v. m.*

1252. Vies des Grands Capitaines de l'Antiquité, de Cornelius Nepos, trad par l'abbé Paul. *Paris*, *Barbou*, 1781. *in*-12. *baz*

1253. Histoire des sept Sages, par Larrey. *La Haye*, 1721. 2 *vol. in*-8°. *v. f.*

1254. Hitoire des deux Aspasies, par le Coute de Bievre. *Paris*, 1736. *in*-12. *v. f.*

1255. Histoire de Ciceron, par l'abbé Prevost, avec la traduction des Lettres à Brutus. *Paris*, 1743. 5 *vol. in*-12. *v. m. d. s. t.*

1256. Vie de Pierre Aretin, par Boispréaux. *La Haye*, 1750. *in*-12. *v. m.*

1257. La Vie du Tasse. *Paris*, 1690. *in*-12. *v. m.*

1258. La Vie de César Borgia, Duc de Valentinois, par Thomasi. *Hollande*, 1671. *in*-12. *v. m.*

1259. Vie d'Erasme, par Burigny. *Paris*, 1757. 2 *vol. in*-12. *v. m.*

1260. OEuvres de Brantome. *La Haye*, 1740. 15 *vol. in*-12. *v. ec.*

1261. Vie du Chancelier de l'Hôpital. *Paris*, 1764. *in*-12. *v. f.*

1262. La Vie de François de La Noue, dit

Bras de fer. *Leyde*, *Elzevier*, 1661. *in*-4°. *vel.*

1263. Mémoires sur la Vie de Pibrac. *Amst.* 1761. *in*-12. *v. m.*

1264. La Vie et les Sentimens de Lucilio Vanini, par Durand. *Roterdam*, 1717. *in*-12. *v. m.*

1265. L'Europe Illustre, par Dreux du Radier. *Paris*, 1755. 4 *vol. in*-8°. *max. v. m.*

1266. Vie de la Duchesse de La Valiere. *Cologne*, 1695. *in*-12. *m. bl.*

1267. Mémoires sur la Vie de Ninon de l'Enclos. *Paris*, 1750. *in*-12. *v. m.*

1268. Vie de l'abbé de Choisy. *Lausanne*, 1748. *in*-8°. *baz.*

1269. Histoire de la vie de M. de Fénélon. *Amst.* 1723. *in*-12. *v. b.*

1270. La Vie de Bayle, par Des Maizeaux. *La Haye*, 1732. 2 *vol. in*-12. *v. b.*

1271. Vie privée du Cardinal Du Bois. *Londres*, 1789. *in*-8°. *v. f.*

1272. Mémoires pour servir à l'Histoire de la Vie et des Ouvrages de Fontenelle, par Trublet. *Amst.* 1759. *in*-12. *cart.*

1273. Supplément au Roman comique, ou Mémoires pour la Vie de Jean Monnet. *Londres*, 1772. 2 *vol. in*-12. *v. f.*

1274. Vie de Voltaire, par Condorcet. *in*-12. *baz.*

1275. Vie de Turgot, par Condorcet. *Londres*, 1786. *in*-8°. *baz.*

1276. Essai sur la Vie de M. Thomas, par De Leyre. *Paris*, 1791. *in*-8°. *v. f.*

1277. La Vie de David Hume, traduite de l'Anglais. *Londres*, 1777. *in*-12. *v. m.*

1278. Précis historique de la Vie de M. de Bonnard, par Garat. *Paris*, *Didot jeune*, 1785. *in*-18. *v. f. d. s. t.*

1279. Vie de Cagliostro. *Paris*, 1791. *in*-8°. *v. f.*

1280. Mémoires du Baron de Trenck. *Paris*, 1789. 3 *vol. in*-8°. *v. f.*

Extraits et Dictionnaires historiques.

1281. Histoires diverses d'Elien, traduites du Grec par Dacier. *Paris*, 1772. *in*-8°. *v. porph.*

1282. Valere-Maxime Latin-Français, trad. par Claveret. *Lyon*, 1700. 2 *vol. in*-12. *v. m.*

1283. Choix d'Histoires intéressantes. *Paris*, 1781. *in*-12. *v. m.*

1284. Les Imposteurs insignes, par de Rocoles. *Amsterd.* 1728. 2 *vol. in*-8°. *v. b.*

1285. Histoire générale des Larrons. *Rouen*, 1709. *in*-8°. *v. m.*

1286. Histoire de la Vie et du Procès de Dominique Cartouche. *Amst.* 1733. *in*-12. *baz.*

1287. Dictionnaire Historique et Critique, par Pierre Bayle. *Roterdam*, 1720. 4 *vol. in-fol. v. f. d. s. t.*

1288. Remarques critiques sur le Dictionnaire de Bayle, par Joly. *Paris*, 1752. *in-fol. v. m.*

1289. Nouveau Dictionnaire Historique et Critique, ou Supplément de Bayle, par Chaufepié. *Amsterd.* 1750. 4 *vol. in-fol. v. m.*

1290. Dictionnaire Historique, par Prosper Marchand. *La Haye*, 1758. *in-fol. v. m.*

1291. Le Grand Dictionnaire Historique, par Morery. *Paris*, 1759. 10 *vol. in-fol. v. m.*

1292. Dictionnaire Historique Portatif, par Ladvocat. *Paris*, 1777. 4 *vol. in-8°. velin verd.*

1293. Nouveau Dictionnaire Historique. *Caen*, 1789. 9 *vol. in-8°. v. m.*

www.ingramcontent.com/pod-product-compliance
Ingram Content Group UK Ltd.
Pitfield, Milton Keynes, MK11 3LW, UK
UKHW021549260726
13993UKWH00002B/728